为什么是中国

The Rise of China

金一南 ◎ 著

北京联合出版公司
Beijing United Publishing Co.,Ltd.

图书在版编目（CIP）数据

为什么是中国 / 金一南著. —— 北京：北京联合出版公司，2020.6（2023.12重印）
ISBN 978-7-5596-3913-4

Ⅰ. ①为… Ⅱ. ①金… Ⅲ. ①中国历史—历史事件 Ⅳ. ①K205

中国版本图书馆CIP数据核字（2019）第301498号

为什么是中国

作　　者：金一南	产品经理：魏　傩
出 品 人：赵红仕	出版监制：辛海峰　陈　江
责任编辑：李　伟　张　萌	特约编辑：丛龙艳　王周林
封面设计：人马艺术设计·储平	美术编辑：任尚洁

北京联合出版公司出版
（北京市西城区德外大街83号楼9层　100088）
北京联合天畅文化传播公司发行
天津光之彩印刷有限公司印刷　新华书店经销
字数 179千字　710毫米×1000毫米　1/16　18印张
2020年6月第1版　2023年12月第34次印刷
ISBN 978-7-5596-3913-4
定价：58.00元

版权所有，侵权必究
未经书面许可，不得以任何方式转载、复制、翻印本书部分或全部内容。
如发现图书质量问题，可联系调换。质量投诉电话：010-88843286/64258472-800

一部波澜壮阔的中国近现代史，如果没有一代又一代其人前仆后继，追寻真理救国救民，我们很可能至今还在黑暗中挣扎和徘徊。正是这燃烧又点燃了中华民族一代又一代人心中之火，才使我们至今未曾陨落，未曾被黑暗吞没。

金一南
2020年4月30日

目 录

引 言   I

第一章 散沙——山河破碎时的世道人心
敢于宣战的朝廷无奈难以为继的帝国   4
看似强大的军队不敌歌舞升平的侵蚀   13
"四万万中国人，一盘散沙而已。"   23

第二章 变局——歧路惶恐间的挣扎与徘徊
因为灾难，眼光日渐清醒   35
无尽探索，不断以失败告终   40
谁能担当民族救亡之责？   51

第三章　星火——共产党人的伟大历史自觉

可知与未知：从千山万水到枪林弹雨的阻隔　　61

挫折与转折：红军在斗争中涅槃重生　　71

神话与史话：从惨败走向胜利　　83

第四章　重生——抗战胜利的能量密码

战争狂热之背后，苟且退让于当前　　102

受实力误导的魄力，被境界改变的世界　　115

正视正面战场，莫要碎化历史　　125

第五章　醒狮——朝鲜战争的鸟瞰钩沉

"入局"才能"开局"　　137

武器首先在"武"　　145

聚势，才能获优　　152

战将必须重战　　158

第六章　利益——中国崛起征途中的博弈较量

利益观，观利益　　　　　　　　　　169

安全有大小，能力分高低　　　　　　177

冲突是考验，危机是机遇　　　　　　186

第七章　制胜——改革强军的挑战与机遇

血性需要唤醒，军人必须担当　　　　199

军人最大的奉献不是牺牲，而是胜利　211

强军需利器，制胜必砺技　　　　　　218

第八章　大势——世界格局走向的理性瞻望

美国的"问题"　　　　　　　　　　228

美国为什么要打贸易战　　　　　　　237

中国的优势所在　　　　　　　　　　247

中国经济发展之谜　　　　　　　　　257

引言

2017年初特朗普上台后，来势汹汹，咄咄逼人，中美贸易摩擦愈演愈烈。2018年9月，特朗普政府执意发动贸易战，翻手为云，覆手为雨。亚洲人、欧洲人、非洲人、美洲人，很多都为之震惊。其实这绝对不是美国强盛的产物，反而是美国出问题了的重大标识。

为什么美国要如此针对中国？

特朗普最生气的地方在于，之前美国在忙战争——阿富汗战争、伊拉克战争，在中东的黑窟窿里扔了6万亿美元，他说这些钱"足以建设两个美国"；现在美国国家债务突破22万亿美元，早已超过国民生产总值；国家制造业萎缩，工程技术人才短缺。与此同时，中国却在大力搞建设，建会展中心，建机场，建高速公路，建高铁，国家面貌一新，而且日益在高端科技领域崭露头角。从这个角度看，特朗普上台后的几乎所有举动，都是力图阻止美国衰落的产物。《纽约时报》著名专栏作家托马斯·弗里德曼就认为：中国不再只是接近美国了，中国与美国已经平起平坐。虽然他的话有危言耸听的一面，但今天的中国已是全球第二大经济体、全球第二大消费国、全球第二大吸引外资国、全球第一制造大国、全球第一贸易大国、全球第一大外汇储备国。

多少年来，美国各界一直没有放松对中国的密切关注。2015年年初，美国著名的中国问题专家沈大伟在《华尔街日报》发表长文《正在到来的中国崩溃》，认为"中国共产党统治的最后阶段已经开始，它退出历史舞台的速度将超过许多人的想象"。同年3月20日基辛格访华，我们在北京与基辛格会谈，有人对基辛格先生发问："现在怎么回事？美国人怎么又开始吵吵中国崩溃论了？"

基辛格先生不知道这个情况，他回答说："你们都是大学者，不要老看美国的小报啊，不要拿小报的消息来跟我讲事。那些小报是要登广告博取眼球的，消息都是耸人听闻。"

我们说："基辛格先生，不是小报，是《华尔街日报》；写文章的也不是小人物，而是大人物沈大伟。"

基辛格听了一愣。但他到底是个老牌政治家，稍愣片刻，便回答我们一句话："沈大伟想当副国务卿。"

我们原来以为这是个学术问题，经基辛格这么一点拨，才明白原来这是个政治问题。当时2016年美国总统大选在即，谁将出任总统？美国有一批像沈大伟这样的学者在揣摩、迎合，想通过投其所好，混个一官半职。美国官场有"旋转门"之说——学者通过旋转门成为政府官员。当年大学教授基辛格就通过旋转门，成为总统国家安全事务助理。看来沈大伟也想旋转一把，弄个副国务卿干干。

基辛格说:"沈大伟当不成副国务卿,他不知道,我知道。年底以前他会知道的。你们不用担心,年底以前他的态度会变过来。"

基辛格果然是个老谋深算的政治家。2015年6月我们访美,7月3日离开美国,《华尔街日报》又刊发了沈大伟的另一篇长文《如何与一个崛起的中国打交道》。看来沈大伟已经明白自己当不成副国务卿了,只好又回归学术圈子。所以后来他辩解说他并没有唱衰中国,那篇文章的标题是媒体加的,他本人并不是这个意思。

这在美国是一个有意思的现象:你在美国讲中国崩溃,文章有人看,书有人买;你在美国讲中国崛起,也一样,也是文章有人看,书有人买。

已经90多岁的基辛格其实也很辛苦,日程安排非常紧,人也很累,跟我们谈着谈着,脑袋一低就睡着了。他的助手说:"没关系,你们继续说,他睡着了也能听见。"继而又说:"你们的问题太温和了,你们应该提一些尖锐问题,他一受刺激,就不会睡觉了。"中方商量,谁提尖锐问题呢?有人说:"金教授,你提个尖锐问题。"我提尖锐问题?什么问题叫尖锐问题?当时根本来不及多考虑,我灵机一动,就问道:"基辛格先生,我有个问题:1972年您陪同尼克松总统到中国访问,您的车队有多少辆车?"

基辛格一听这个问题——那是他最风光的时刻——立刻兴奋起来,说:"多少辆车?四五十辆吧。"我说:"不对,是107辆。"

"107辆?你怎么知道?"他的眼睛一下睁得很大。

我说:"基辛格先生,如果我没有记错的话,1972年2月21号您陪同尼克松总统到北京访问，我当时是北京一个街道小厂的学徒工，正在上班路上，公共汽车到西单十字路口被堵住了，长安街全线戒严，美国总统车队通过。我当时在22路公共汽车上面，我们全车人一起数：1、2、3、4、5……最后一直数到107，最后这个数字几乎是全车人一起吼出来的，给我太深印象，所以至今不忘。我是工厂的学徒工，年年被评为优秀学徒工，虽然我家离工厂最远，但我从未迟到，就那天迟到了，西单路口卡了我50多分钟，交通疏散20多分钟，第一次上班迟到！"

我讲到这里，全场大笑，基辛格也跟着笑起来，精神来了，也不困了。紧接着茶歇，茶歇完后下一轮会谈开始。谁也没想到，基辛格首先扶着椅子扶手站了起来，把身体转向会谈桌斜对面的我，鞠了一躬，说："现在，为43年前那次耽误你上班，我在这里向你正式道歉。"

这真是一个出人意料的场面，让人猝不及防。双方代表都鼓起掌来。大为震动的我当时只想起这样一句话，我说："基辛格先生，三天前您对习近平主席讲了一句话：真不敢想象，中国和美国终于有一天能一起讨论整个世界未来的和平与进步了。我现在借用您这句话说一句：真不敢想象，43年前被尼克松车队堵在西单路口的一个小学徒工，今天能跟您坐在一起会谈，并接受您的正式道歉。不敢想象！"

大家再一次鼓起掌来，连基辛格也在那里微笑着鼓掌。

此事让人感慨万千。事后我常常想：基辛格凭什么给我鞠躬道歉？因为我背后是一个崛起的强大的中国。如果我背后是一个下滑的衰落的中国，基辛格会一趟一趟往中国跑？我也不过是一个街道小厂的退休老工人，能与基辛格坐在一起会谈？我们个人的命运，就这样和国家的命运紧紧结合在了一起。

离开国家命运，还谈什么个人命运？

2000年年初，我去英国皇家军事科学院学习，这是中国人民解放军第一次派军官到皇家军事科学院学习。签到的时候，主管教授泰勒突然说："哟，中国人来了？你们中国人不守国际信用。"这是他见面时的第一句话，当时让我莫明其妙。后来才明白，原来是因为1997年香港回归。泰勒说："1842年《南京条约》是你们中国人签的，白纸黑字，香港永久割让。1860年《北京条约》也是你们中国人签的，九龙永久割让。按照1898年签的《新界租约》，1997年就还新界，不包括香港岛和九龙，可你们中国人一并全拿过去，这是不守国际信用。"我回答泰勒教授说："泰勒先生，您知道吗？中华人民共和国成立那天，毛泽东主席已经宣布了：不承认一切不平等条约。《南京条约》《北京条约》都是大清王朝签的，新中国概不承认，我们不承认一切不平等条约，所以要一并收回！"

学习还未开始，我就与主管我们的泰勒教授发生了冲突。

我们这个班有30名军官，来自26个国家和地区。按照英国皇家军事科学院的要求，学习期间，每周要选两名军官上台讲述自己国家的政治制度、意识形态、宪法和国防。几个月下来，所有军官都能轮一遍。谁先讲谁后讲，由抽签决定。第一周由南非军官麦克杜林抽签。我当时想：全班那么多人，轮到我还不定是哪一天呢。没想到麦克杜林宣布的抽签结果是：第一名，爱沙尼亚军官；第二名，中国军官。听到这个结果，全场哄堂大笑。为什么笑？估计是因为反差太大了吧：爱沙尼亚是波罗的海东岸一个弹丸之地，国家非常小，中国960万平方公里，面积非常大；爱沙尼亚刚刚从苏联社会主义体制下挣脱出来，而中国人还在搞社会主义。巨大反差形成的戏剧性效果，使全体军官都哄堂大笑起来。

我毫无思想准备。刚开始第一周学习，对语言环境还不熟悉，再说我的专业是国家安全战略，让我讲意识形态方面的问题，这不是强人所难吗？我心中正在气愤，捷克军官罗德维尔过来悄声劝我，说："他们就想听听你们为什么相信马克思主义、为什么搞社会主义。你别讲这些，讲这些就上当了。你就讲你们中国的历史文化，你们历史那么悠久，反正就20分钟，时间很快就过去了。"捷克原来也是社会主义阵营的，看来他深深理解我的难处。我一开始也觉得他的主意不错，准备照着干，但后来越琢磨越觉得不对劲。全班来自社会主义国家的就我一个，早晚都要讲，"躲得过初一躲不过十五"。再想想抽签后全班军官投过来的那些兴奋目光，我开始明白他们真正感兴趣的是一个与他们的社会制度完全不同的国家，很想听听中国军官如何阐释自己国家的社会制度。这个时候再想到当年入伍自己在日记本上写的那句话——"做难事必有所得"，我已很坚定信念了。一定要做困难的事，干自己没干过的，那才是挑战，不管成功与失败，都是提高。我下决心不照罗德维尔的主意去做，我就不信我讲不好！

决心已定，开始准备。周三上午抽签，周五上午讲，白天都是课，只有两个晚上的时间做准备。按照英方的要求，不但要讲，还要做PPT，把自己的观点打出来，让大家看到。那两个晚上我总共只睡了5个小时。

周五上午，爱沙尼亚军官第一个发言。他的PPT做得比我好，图文并茂。他讲1989年波罗的海三国独立，先用一段英国广播公司（BBC）航拍的录像：1989年8月，波罗的海三国150万人，从白发苍苍的老者到步履蹒跚的孩子，手拉手，结成了将近200公里长的"人链"，从爱沙尼亚、拉脱维亚到立陶宛，横贯三国，要求民族独立。这条人链穿过河流、穿过田野、跨过桥梁、穿过城市，非常壮观，被西方称为"波罗的海之路"。当年戈尔巴乔夫看到这个镜头，深受震撼，讲了一句话："既然他们如此强烈地要求独立，那就让他们独立吧，我们留在苏联内部的人把苏联搞好，他们今后会重新要求加入的。"戈尔巴乔夫太天真了，苏联解体就是从波罗的海三国独立开始，从爱沙尼亚率先独立开始。

爱沙尼亚军官在台上讲，台下有鼓掌的、跺脚的、吹口哨的，非常热闹。他讲完了，下台了，该我上台了。

我上台时，整个课堂转入死一般的沉寂。我一步一步往讲台上走，就像走在一个空无一人的课堂上。台下各国军官大眼瞪小眼，看起来比我还紧张。我知道他们心里想的是什么：看看，爱沙尼亚军官刚刚讲完怎么从社会主义体制中挣脱出来,中国人要上去讲他们的社会主义了。

我的PPT比爱沙尼亚军官简单得多,主要就两幅,第一幅是中国沦为"东亚病夫",被迫签订《辛丑条约》的照片。我说:"今年是2000年,这是我在皇家军事科学院图书馆找到的1901年的中国图片。整整100年前的1900年,八国联军入侵北京,1901年,我们被迫签订《辛丑条约》,庚子赔款,总共赔偿14个帝国主义国家4.5亿两白银。今天在座的很多军官,当年你们的国家都参与了对中国的瓜分,图片上都能看到你们国家代表的签字。这就是100年前的中国,是个跌倒的巨人,倒在地上爬不起来,任人欺凌,任人宰割。

"今天我能站在这里给你们讲100年前的中国,是因为今天是100年后的中国,是个站起来的、自立于世界民族之林的巨人,它的工业、农业、国防、科技、教育、医疗等多项指标名列世界前茅,它再也不任人欺凌、任人宰割。

"从第一幅PPT(1901年)到第二幅PPT(2000年),中间跨越100年。连接这两幅PPT的,连接我们中国人100年历史的,就是一句话:Marxism changed China(马克思主义改变了中国)。我们中国人为什么相信马克思主义?我们不是忠于哪一种主义,不是为了马克思主义而马克思主义,马克思主义使我们找到了认识中国问题、分析中国问题的方法,进而找到一条解决中国问题的道路——从民族救亡到民族复兴。在这个过程中还产生了第二句话:China changed Marxism(中国也发展了马克思主义)。毛泽东思想就是马克思主义普遍真理与中国革命具体实践相结合，使我们找到了一条中国革命的胜利道路。邓小平理论也是马克思主义普遍真理与中国建设发展实际相结合，使我们找到了一条适应中国现代化发展的改革开放之路。这就是百年中国，中国人民一路走来，历经千难万险，终于找到了救国之路和发展之路。"

我在台上讲这些，台下异常安静。一张张全神贯注聆听的面孔有黑色的、黄色的，也有白色的。最初被大家认为的"敏感的政治问题"在国家命运与民族命运的交织之中，变为如何根据本国国情寻找摆脱贫穷、落后、战乱、被掠夺与被肢解命运的道路，如何真正完成国家独立和民族振兴。

我自己也没有想到的是，发言结束后，全场报以热烈掌声。

就连完全不同意马克思主义、完全不同意社会主义并且不认同香港回归的泰勒教授也上来跟我讲了一句话："你今天讲出了你们的合理性。"

当时第一个上来祝贺的是菲律宾陆军上校嘉维尔，他说："金，你讲得太好了，讲出了今天在场的大多数军官自己国家的命运，谢谢你！"虽然菲律宾与中国社会制度不同，但他完全感受到了同样的追求民族独立的精神。走出课堂，嘉维尔上校就拉着我在教学楼旁边照了一张合影。

第二个上来祝贺的是印度海军中校里夫，他握着我的手说："金，我今晚一定要到你的寝室去！"在国外学习，军官寝室是私人领地，一般外人是不进的，要见面都在公共场所。那天晚上里夫中校来了，在我屋子里坐了很长时间，他很感慨，说："你讲的东西让人感动。我们印度民族和你们中华民族的命运是一样的，你们做得比我们好。"要是在别的场合，中国军官与印度军官一见面就是你瞪我一眼，我瞪你一眼，边境领土纠纷至今在困扰双方。但一讲起国家命运、民族命运，我们都能感受到在追求国家解放、民族独立过程中两个民族命运的同质性。

临别时，里夫送我一条印度海军的领带。

让我印象最深的是匈牙利军官斯潘克斯。斯潘克斯的叔叔是匈牙利裴多菲俱乐部的重要成员，裴多菲俱乐部于1956年主导匈牙利社会主义改革，被苏军镇压，整个改革失败了，他的叔叔长期流亡西方。1989年柏林墙倒塌，斯潘克斯的叔叔又回匈牙利了。看到匈牙利乱糟糟的样子，他叔叔讲了一句话："我以后死在西方，再也不回来了。"

那天晚上斯潘克斯跟我在酒吧，一人一杯啤酒，喝了很长时间。斯潘克斯跟我讲："我们匈牙利的社会主义已经完全失败了，衷心希望你们的社会主义能够成功，能给全世界最没有权势、最没有希望的人一点希望。"他这句话给我至深印象——"给全世界最没有权势、最没有希望的人一点希望。"

此事已经过去了20年，至今回忆起来历历在目。中华民族在追求民族复兴的历程中从来不是一帆风顺、鲜花簇拥的，从来没有红地毯，没有欢呼鼓掌，没有张灯结彩。我们面对不公正的舆论、不合理的秩序、不平等的世界，背负着历史的创痛和现实的纷扰，以鲜血、汗水和钢铁般的意志灌铸的脚印，无所畏惧地迈向我们心中的未来，以中华民族的伟大复兴向世界正名、发声。在这一进程中，中华民族走过的路与其说是一种意识形态的选择，倒不如说是一个被压迫、被奴役、被剥削的民族在争取民族独立、国家解放的历史过程中完成的胜利道路的选择。从旧中国的"东亚病夫"和一盘散沙，到民族救亡的一路探索，再到民族复兴的伟大实践，我们才有了对马克思主义的坚定信仰、对社会主义的坚定信仰。

中华民族就是这样自立于世界民族之林，巍然挺身在世界东方的。

第一章 散沙——
山河破碎时的世道人心

近代社会土崩瓦解,中华民族趋于崩溃边缘。从鸦片战争到甲午战争,一败再败;自晚清到民国,国已不国。国力衰弱,风气败坏,士气低迷,人心涣散,中国沦落为一盘散沙。

"祸兮福之所倚，福兮祸之所伏。"从17世纪中叶到18世纪末，大清王朝在康熙、雍正、乾隆三位皇帝在位时达到鼎盛，史称"康乾盛世"。按照西方统计，当时中国经济总量占世界第一位，人口占世界1/3，对外贸易长期出超，令当时列为世界头等强国者如大英帝国也一直无法扭转对华贸易的逆差。虽然持续百年以上的好景并不短暂，但灾难来得十分突然。

1840年，中英第一次鸦片战争爆发，大英帝国凭借28艘军舰、15,000人的军队入侵中国，最后迫使大清王朝签订丧权辱国的第一个不平等条约——《南京条约》，割让香港，赔款2,100万银元。中国近代史由此开始。

1856—1860年，第二次鸦片战争，英军18,000人、法军7,200人长驱直入中国首都，将圆明园付之一炬。清政府被迫与俄、美、英、法四国分别签订《天津条约》，后又被迫签订《中俄瑷珲条约》《北京条约》等一系列丧权辱国的条约。

1894年中日甲午战争，清军战败，一纸《马关条约》使中国割让辽东半岛和台湾，赔款白银两亿两。

1900年八国联军进攻北京，国家虽然不少，拼凑的兵力却不足两万人，10天令北京陷落，此次中国赔款数额更是达到空前的4.5亿两白银。

一个被西方描述为GDP占世界1/3的东方大国，面对坚船利炮竟然如此不堪一击，一而再、再而三地割地赔款、丧权辱国，为什么会这样？有人认为，这是因为旧中国统治者昏庸腐朽、奴才透顶，不敢说"不"，然而事实果真如此吗？

敢于宣战的朝廷无奈难以为继的帝国

其实，鸦片战争以来，清廷先后发布过四份宣战诏书：

1841年1月27日（道光二十一年正月初五），道光皇帝对英国宣战。

1860年9月12日（咸丰十年七月二十七日），咸丰皇帝对英法宣战。

1894年8月1日（光绪二十年七月初一），光绪皇帝对日本宣战。

1900年6月21日（光绪二十六年五月二十五日），慈禧太后对诸国宣战。最后这次宣战的"诸国"，包括英、俄、德、法、美、奥、意、日、荷、比、西，共十一国。

如果以简单的敢不敢说"不"来诠释历史，该怎么解释呢？

先说中国近代史上第一个大声说"不"的道光皇帝。道光皇帝上台后，看到朝风颓败，民风颓败，力图重整朝纲。他当时规定"宫中岁入，不得超过二十万"，他节约开支，就是要支援前方的禁烟，要备战，要和英国人打一仗。

1840年的鸦片战争，大多数人以为敢对洋鬼子说"不"的只有

第一章
散沙——山河破碎时的世道人心

林则徐，事实并非如此。在1838年那场由28名督抚大员参加的禁烟大讨论中，有20名大员反对严禁，主张弛禁。但道光皇帝力排众议，坚决主张严禁，支持并起用林则徐。如果少数服从多数，禁烟之事在鸦片战争之前的两年就泡汤了。身在虎门的林则徐看到道光皇帝的朱批时，当场感动得涕泪横流，道光皇帝写道："若能合力同心除中国大患之源，不但卿等膺懋赏，即垂诸史册，朕之光辉，岂浅显哉！而生民之福，政治之善，又非浅显。谅卿等亦不烦谆谆告诫也。勉之，勉之！朕拭目待之！"

对林则徐采取的种种禁烟措施，道光皇帝不但给予有力支持，甚至比林则徐走得更远。清军与英国人在海上交火后，道光皇帝颁旨，命令与英国停止贸易，对所有英国船只，尽行驱逐出口。林则徐认为不妥，复奏道光皇帝，主张区别对待，不要一律驱逐。但道光皇帝不同意，坚决断绝与英国的全部贸易。

1841年1月27日，道光皇帝正式下诏对英宣战，要求"官民人等，人思敌忾，志切同仇，迅赞肤功，懋膺上赏"。

然而，第一次鸦片战争，以大声说"不"始，却以屈辱称"是"结束。1841年1月27日的激昂宣战诏书，演变成了1842年8月29日无奈的《南京条约》：割让香港岛，五口通商，赔款2,100万银元。从此，开近代中国割地赔款之先河。

这才是历史的真相，也是历史的残酷性之所在：历史不记过程，只记结果。穿带补丁裤子的道光皇帝勤俭节约、励精图治，但第一个丧权辱国的条约是他签的，中国近代史耻辱柱上的第一人就是他。

但道光皇帝的失败并没有阻止后来者说"不"。最突出的是他的第四子,即继承其皇位的咸丰皇帝。

咸丰皇帝登基时刚刚20岁,血气方刚,立志为父报仇,给父亲雪耻。他上台后第一件事就是把道光年间的主和派全部撤职,重新起用主战派,林则徐等人全部被重新起用,但是后来林则徐由于身体不好,病死在赴任途中。

咸丰皇帝上台以后也是学他父亲的做法,励精图治,希望重整朝纲,树直言进谏的倭仁为官场榜样,把太仆寺少卿徐继畲上疏中的"防三渐"作为座右铭:第一"防土木之渐",即防止大兴土木,挥霍无数;第二"防宴安之渐",即防止歌舞升平,吃喝无度;第三"防壅蔽之渐"。即防止言论堵塞,上情不能下达,下情不能上达。

一时间,朝野人心大快,"人人颂祷圣德英武,迈古腾今"。

咸丰皇帝不但敢撤投降派的职,而且敢向洋人开炮。1859年6月25日,英法舰队向大沽口炮台进攻,清军还击,激战一昼夜。13艘英法军舰中,4沉6伤,官兵伤亡500余人,舰队司令何伯的腿也被炸断,联军竖白旗狼狈而退。

敢向洋人开炮的咸丰皇帝,还敢扣押洋特使。1860年9月9日,巴夏礼代表英法联军在通州与清政府谈判。咸丰皇帝恨透了巴夏礼,认为一切坏事皆由其策划,遂下令将巴夏礼扣留在通州,传谕各海口一律闭关,断绝贸易,准备决战。

第一章
散沙——山河破碎时的世道人心

1860年9月12日，清廷对英法宣战，声称"若再事含容，其何以对天下"，要求"整顿师旅，调集各路马步诸军，与之决战"。

咸丰皇帝在北京一直坚持到英法联军即将兵临城下，然而坚持不住时跑起来又比谁都快，眼见"禁兵不足恃，京城不可守"，便不顾臣下的劝阻，天不亮就从圆明园仓皇出逃了。

在大沽口出过一口恶气的咸丰，一年零四个月后不得不吞下"恶果"——签订了《北京条约》，落到比他父亲更加狼狈的境地，不但导致了更大面积的割地和更多的赔款，而且英法联军将150年间用无数能工巧匠的辛苦血汗建造起来的圆明园洗劫一空，付之一炬。

龟缩于热河的咸丰皇帝在那里连发数道谕旨调兵遣将，只为保卫他的身家性命。待英法联军签约退兵后，他大大松了一口气，说："从此永息干戈，共敦和好，彼此相安以信，各无猜疑。"

那个当年大声说"不"，又是扣人又是宣战的皇帝，已经无踪无影，最终命丧热河。

之后，光绪皇帝的宣战诏书，同样演变成了后来的《马关条约》，更是空前地割地赔款：割让辽东半岛、台湾及其附属岛屿和澎湖列岛给日本，赔偿日本军费两亿两白银，增开沙市、重庆、苏州、杭州为通商口岸。

而庚子年间向十一国宣战的慈禧太后，前后反差更是惊人之大。起初为了表示决一死战的决心，她以通敌为罪名，杀掉了兵部尚书徐用仪、户部尚书立山、内阁学士联元、吏部左侍郎许景澄、太常寺卿袁昶这五位反对宣战的大臣，且都是"斩立决"；后来为了与"诸国"和好，她又毫不手软地令主张宣战的庄亲王载勋自尽，大学士刚毅（已身故）追夺原官，山西巡抚毓贤即行正法，端郡王载漪、辅国公载澜均定斩监候。先前"孰若大张挞伐，一决雌雄"的豪言，变为"量中华之物力，结与国之欢心"的媚语。

最后，最为慷慨激昂的宣战诏书变成了最丧权辱国的《辛丑条约》，从天津海口至北京中枢的通道全被外人控制，国家防御名存实亡。

一次比一次败得惨，一次比一次损失大，一次比一次割地赔款规模大！

许多研究近代史的学者讲，"大清无昏君，大清无奸臣"，某种程度上是在说清朝败亡是非常特殊的，它跟中国过去历朝历代不一样。过去都是皇帝太昏庸腐朽了，房子都被白蚁蛀空，最后大厦轰然倒塌；清朝不是这样，从道光、咸丰、同治到光绪，没有一个皇帝不想励精图治，保住大清江山；清朝的那些朝廷重臣，不管是主和也好，主战也好，也基本都是从维护朝廷利益出发，没有里通外国、跟敌人串通一气的。

现在很多人说鸦片战争之所以失败，就是因为道光皇帝昏庸，把林则徐撤职了，用了一帮投降派。其实这是历史对一个人的成全。道光皇帝把林则徐撤职了，从历史上成全了他，林则徐保住了他的英名。不撤林则徐，我们就能取得鸦片战争的胜利吗？这是中国历史最复杂、最痛苦的一部分，我们往往不能直面，通常是找几

第一章
散沙——山河破碎时的世道人心

个替罪羊，说我们近代本来不错，就是几个坏蛋把国家民族给出卖了，要不然断不致如此。于是，整个民族就得到了精神上的解脱。这种寻找替罪羊的观念，使得我们长期也没能深刻地认识到历史的教训。

清朝到底为什么会败亡？说到底，是因为在新生的资本主义体制面前，封建体制已经走到了历史的尽头。

史籍记载，嘉庆、道光年间，朝风日坏。当时财政开支有一重要项目，即治河。但每年治河之费真正用于工程的不到十分之一，其余皆被挥霍。官吏饮食衣服、车马玩好，无不斗奇逞巧，一次宴请常常三昼夜而不能毕。自元旦至除夕，各厅道衙门机关无日不演剧。"新进翰林携朝臣一纸拜见河督，万金即有；举人拔贡携京员一纸拜见道库，千金立至"。

道光皇帝继位后，尽管拼命节约，励精图治，但这对整个大清局势来说都无济于事。

中英《南京条约》签订后，消息传到北京，道光皇帝很难受。清史记载："上退朝后，负手于便殿阶上，一日夜未尝暂息。侍者但闻太息声，漏下五鼓，上忽顿足长叹。"

《北京条约》签订后，那个终日流泪不已的咸丰皇帝在向热河逃跑时，却不忘记喝鹿血，非要带上自己养的一百多只鹿，经大臣苦劝，他才勉强作罢。

至于慈禧的若干历史细节，更能说明问题。

不可否认，不论慈禧太后还是同治、光绪，都意识到了海防对维护统治的意义越来越重要。慈禧曾称："惟念海军关系重大，固非寻常庶政可比。"清廷既然如此重视海军，后来为什么又挪用海军经费去修建颐和园了呢？岂非咄咄怪事？

对慈禧而言，这一切并不矛盾，危机时用铁甲舰来维护统治，承平时用颐和园来享受统治，一切都是天经地义。所以她既主张大办海军，多购舰船，又对阻止她修园的大臣"喝滚出"，予以痛斥。清末政治舞台上，利益决定立场就是这样富于戏剧性。

再说总理海军事务大臣、醇亲王奕譞。他是光绪皇帝的生父，主持海军衙门时，正值慈禧应撤帘归政、光绪亲政在即的关键时期。奕譞深知慈禧好专权，担心儿子光绪永远只能做个"儿皇帝"，也担心自己不慎惹怒慈禧，招致更大祸患，所以对慈禧谦卑谨慎，小心翼翼，甚至阿谀献媚。在这种心态下，海军衙门就成了他保全自己、成全儿子、刻意逢迎的平台。这就是奕譞出任总理海军事务大臣时的精神状态。其最大心愿并非海军建设，而是如何使光绪皇帝平安掌权。于是，这个在同治皇帝时期坚决反对修建颐和园的人，在经过反复权衡之后，还是挪用了海军军费来修建颐和园。

深陷官场利害的不仅有奕譞，还有李鸿章。李鸿章也曾坚决反对修建颐和园，甚至婉拒过奕譞的提款要求，但他最终还是加入了挪用海军经费的行列，应奕譞要求，先从德国银行借款500万马克，约合白银90余万两；1888年，李鸿章又以海军名义从各地筹款260万两，支持颐和园的万寿山工程。李鸿章之所以加入挪款的行列，有对形势的错误估计，更有获得官场庇护的政治算计。

第一章
散沙——山河破碎时的世道人心

到底有多少海军经费被挪用，一直是笔糊涂账。传说有3,000万两，显然夸大了。较为接近的数字有两种：1,200万至1,400万两、600万至1,000万两。与其说这些经费是慈禧挪用的，还不如说是奕𫍯、李鸿章等海军主持者拱手相让出去的。当初筹建海军最力的人，后来腾挪海军经费最力；当初反对修园最力的人，后来别出心裁暂借、直拨、挪用、吃息筹资修园最力。

清末政治中这种极为矛盾复杂的现象，同样也出现在"帝师"翁同龢身上。

翁同龢是光绪皇帝的师傅，甲午战争期间著名的主战派，也是李鸿章的激烈反对派。在修建颐和园这件事上，他暗讽慈禧是"以昆明（湖）易渤海"，意思是说，宁要休闲娱乐的颐和园，而不顾海防建设的生力军，其观点不可谓不尖锐。

但令人想不到的是，就是这位激烈的主战派，作为户部尚书，也在挪用海军经费，他不设法节减宫廷开支，反而将海军装备购置费停支了两年，用这些钱来缓解紧张的朝廷财政。翁同龢如此行事，既因多年与李鸿章深结宿怨的官场现实，更因满族中央权贵排斥汉族封疆大吏的朝廷背景。在"帝师"翁同龢及一批满族中央权贵的眼中，北洋水师就是李鸿章的个人资本，削弱李鸿章，就要削弱这支舰队。"主战"与"主和"的争斗，不过是由承平延伸到战时的官僚倾轧。

斗来斗去，吃亏的只能是夹在中间的海军。在内外利害纵横交织的形势下，谁也不会将主要精力投入海军建设。一个政权将如此多的精力、财力用于内耗，怎么能有效迎接外敌的强悍挑战呢？

在从安宁迅速转向灾难的过程中，不仅仅侵略成性、掠夺成性、喋血成性的帝国主义是推手，我们长期沉湎于安逸稳定而对风险与变局一片茫然的精神状态、对对手缺点分析详尽而对对手优点一无所知的思维习性、以眼前享乐和手中权势为主要追求而不管明天血雨腥风的利益格局，同样是灾难的来源。如"戊戌六君子"之一刘光第描述的："一切政事皆系苟安目前，敷弄了局……大臣偷安旦夕，持禄养交；小臣斗巧钻营，便私阿上。办事认真者，以为固执而不圆通；上书直言者，以为浮躁而不镇静。"

看似强大的军队不敌歌舞升平的侵蚀

晚清政府从1861年决定投巨资向英国购买一支新式舰队装备起，到北洋舰队成军的27年时间内，为建设海军到底耗去了多少银两，至今无法精确统计。对一个既无明确的用款计划又无严密的收支审计的封建王朝来说，这是一笔太难弄清的糊涂账。但其投入无疑是巨大的。

姚锡光在《东方兵事纪略》中说，北洋舰队"其俸饷并后路天津水师学堂及军械、支应各局经费，岁一百七十六万八千余两"。这还仅仅是人头费、行政开支等项，可见水师的开支的确惊人。有人统计，不算南洋海军和广东、福建水师，仅建成北洋海军就耗银3,000万两。还有人统计说，清廷支付的舰船构造费用超过3,000万两，再加上舰船上各种装备器材的购置维持费、舰队官兵薪俸、舰队基地营造费及维持费、后路各造船修船局厂及官衙的开设维持费、海军人才的国内外教育培养费、海军学堂的开办维持费，等等，合而计之，清廷筹建海军的总投资在1亿两上下，等于每年拿出300余万两白银用于海军建设，平均占其年财政收入的4%强，个别年份超过10%。

这样的数目与比例，在当时条件下不可谓不高，尤其是在政局剧烈动荡、财政捉襟见肘的情况下完成如此巨大的投入。持续将近20年镇压太平军、捻军的战争，已使清廷"帑藏支绌"，财政上几乎山穷水尽，又有"倭逼于东，俄伺于西"。东面先打发日本，后打发法国，不断地赔款；西面先平息"回乱"，后收复新疆，不断地支款。在这种情况下拆东墙补西墙，勉为其难地凑成对海军的投入，也算是挖空心思了。

而当年日本海军的投入是少于清朝海军的。从1868年至1894年3月，日本政府共向海军拨款94,805,694日元，合白银6,000多万两，只相当于同期清廷对海军投入的60%。

但自1888年北洋海军成军后，"添船购炮"的工作就停止了。

1894年，中日甲午战争爆发。北洋水师7,000多吨的铁甲舰"定远""镇远"两舰本是亚洲最具威力的海战利器，大清陆军的毛瑟枪、克虏伯炮也绝不劣于日军的山田枪和日制野炮。但战争爆发后，丰岛海战失利，大东沟海战失利，接着旅顺失陷、威海失陷，半年时间内，30年洋务运动积攒的最大军事成果——北洋水师——全军覆灭，签下的《马关条约》更令中国遭受空前的割地赔款，连英国、法国这些旁观者都大跌眼镜，未想到中国竟然衰弱至此。

完全可以说，中日甲午战争，是近代史以至现代史上，中国军队与入侵外敌交战时武器装备差距最小的一次战争，甚至从总体上看，北洋舰队的优势还要稍大一些。

从软件方面看，北洋海军建立之初，就参考西方列强海军规制，制定了一整套较为严密的规程。其中囊括船制、官制、饷制、仪制、军规、校阅、武备等各方面，组织规程完备，对各级官兵都有具体详尽且十分严格的要求。而且舰队的训练也曾相当刻苦。琅威理任总教习时，监督甚严，官兵们"刻不自暇自逸，尝在厕中犹命打旗语传令"，"日夜操练，士卒欲求离舰甚难，是琅精神所及，人无敢差错者"。英国远东舰队司令斐利曼特尔曾评价道："其发施号令之旗，皆用英文，各弁皆能一目了然。是故就北洋舰队而论，诚非轻心以掉之者也。"

从硬件上说，该舰队在装甲和火炮口径方面一直保持优势。排水量7,335吨的"定远""镇远"两艘铁甲舰，直到大战爆发前，仍然是亚洲最令人生畏的军舰，属于当时世界较先进的铁甲堡式，设计时综合了英国"英伟勒息白"号和德国"萨克森"号铁甲舰的长处，各装有12英寸大炮4门，装甲厚度达14英寸。

黄海大战中，"定""镇"二舰"中数百弹，又被松岛之十三寸大弹击中数次，而曾无一弹之钻入，死者亦不见其多"，足以证明它们是威力极强的海战利器。战前，日方赞叹"定""镇"二舰为"东洋巨擘"，一直以此二舰为最大威胁。当时，日方加速造舰计划，搞出所谓的"三景"舰，以对付"定""镇"二舰，但直到战时，仍未达到如此威力。

在火炮方面，据日方记载，在黄海海战中，200毫米以上大口径的火炮，日、中两舰队之间为11门对21门。据我方记载，此口径火炮则有26门，北洋舰队优势明显。小口径火炮，北洋舰队也有92∶50的优势。日方只在中口径火炮方面以209∶141占优。综合来看，不能说日方火炮全部占优势。

再看航速的比较。中日舰队平均航速比是1∶1.4，日舰优势并不很大。有说法称北洋舰队10舰编为一队，使高速舰只航速只有8节，不利于争取主动。其实日本舰队中也有航速很低的炮舰，其舰队整体航速并不比北洋舰队快多少。

况且，日军联合舰队组建得较为仓促，舰只混杂，有的战斗力很弱。比如"赤城"舰，排水量只有622吨，航速10节。还有"比睿"舰，是一艘全木结构的老舰，首尾三根高耸的木桅杆使它看上去更像中世纪的海盗船。

因此，黄海海战前的北洋海军，从表面看，软件、硬件上都具有相当的实力。清廷正是出于此种自信，才在丰岛海战之后毅然对日宣战。

尽管日本精心策划了这场战争，但面对北洋海军也没有必胜的把握。首相伊藤博文在丰岛海战后对同僚说："似有糊里糊涂进入（战争）海洋之感。"日本当时制定了三种方案：甲，歼灭北洋舰队，夺取制海权，即与清军在直隶平原决战；乙，未能歼灭对方舰队，不能独掌制海权，则只以陆军开进朝鲜；丙，海战失利，联合舰队损失严重，制海权为北洋舰队夺得，则以陆军主力驻守日本，等待中国军队登陆来袭。日本为胜利和失败都做好了准备，皆因为感觉到自己海军力量不足。

但当战场不再是操演场时，中日舰队在平日训练上的差异便立即显现。

面对逼近的敌舰，北洋舰队首先在布阵上陷入了混乱。提督丁汝昌的"分段纵列、犄角鱼贯之阵"，到总兵刘步蟾传令后，变为"一字雁行阵"；随后交战时的实际战斗队形成了"单行两翼雁行阵"；时间不长，"待日舰绕至背后时清军阵列始乱，此后即不复能整矣"。这种混乱致使今天很多人还在考证，北洋舰队用的到底是什么阵形。

其次，敌舰还未进入有效射距，"定远"舰便首先发炮，不但未击中目标，反而震塌了主炮上的飞桥，丁汝昌从桥上摔下，受伤严重，首炮就使北洋舰队失去了总指挥。黄海海战持续四个多小时，北洋舰队"旗舰仅于开仗时升一旗令，此后遂无号令"。战斗行将结束时，才有"靖远"舰管带叶祖珪升旗代替旗舰，可升起的也只是一面收队旗，收拢残余舰只撤出战斗罢了。

最后是，北洋舰队作战效能低下，击之不中，中之不沉。激战中掉队的日舰"比睿"号冒险从北洋舰群中穿过，与其相距100米的"来远"舰发射鱼雷，没击中，让其侥幸逃出。目标高大的"西京丸"经过北洋海军铁甲舰"定远"舰，本已成射击靶标，"定远"发4炮，其中2炮未中；"福龙"号鱼雷艇向其连发3枚鱼雷，也无一命中，又让其侥幸逃出。日方600余吨的"赤城"舰在炮火中蒸汽管破裂，舰长阵亡，弹药断药，大樯摧折，居然也未沉没，再度侥幸逃出。李鸿章平日夸耀北洋海军"攻守多方，备极奇奥""发十六炮，中至十五"，可这一切都在真枪实弹的战场上烟消云散。有资料统计，黄海海战中，日舰平均中弹11.17发，而北洋各舰平均中弹107.71发，日方火炮命中率高出清军9倍以上。

尽管北洋舰队官兵作战异常英勇，但对军人来说，胜利没有替代品，很多东西仅凭战场上的豪壮不能获得。

多种资料证明，战前，北洋海军在一片承平的环境中，军风严重毒化。

《北洋海军章程》规定："总兵以下各官，皆终年住船，不建衙，不建公馆。"实际情况是"琅威理去，操练尽弛。自左右翼总兵以下，争挈眷陆居，军士去船以嬉"。水师最高指挥者丁汝昌，在海军公所所在地刘公岛盖铺屋，出租给各将领居住，以致"夜间住岸者，一船有半"。对这种情况，李鸿章睁一只眼闭一只眼。直到对日宣战前一日，他才急电丁汝昌，令"各船留火，官弁夜晚住船，不准回家"。

章程同样规定，不得酗酒聚赌，违者严惩。但"定远"舰水兵在管带室门口赌博，却无人过问，就连丁汝昌也厕身其间。"有某西人偶登其船，见海军提督正与巡兵团同坐斗竹牌也。"

清廷兵部的《处分则例》规定，"官员宿娼者革职"。但"每北洋封冻，海军岁例巡南洋，率淫赌于香港、上海"。威海之战后期，"来远""威远"被日军鱼雷艇夜袭击沉，"是夜，'来远'舰管带邱宝仁、'威远'舰管带林颖启登岸逐声妓未归，擅弃职守，苟且偷

第一章
散沙——山河破碎时的世道人心

生"。"靖远"舰在刘公岛港内中炮沉没时,"管带叶祖珪已先离船在陆"。

章程规定的舰船保养也形同虚设,保养经费普遍被挪作他用。英国远东舰队司令斐利曼特尔谈过他的观感:"中国水雷船排列海边,无人掌管,外则铁锈堆积,内则秽污狼藉;使或海波告警,业已无可驶用。"北洋舰队后期实行"行船公费管带包干",节余归己,更使各船管带平时惜费应付,鲜于保养维修,结果战时后果严重。

至于舰船不作训练之用而用于他途,已非个别现象,如以军舰走私贩运,搭载旅客,为各衙门赚取银两等。舰队内部,投亲攀友,结党营私。海军大半闽人,水师提督、淮人丁汝昌"孤寄群闽人之上,遂为闽党所制,威令不行"。甚至在黄海海战后,"有若干命令,船员全体故意置之不理",提督空有其名,闽党之首刘步蟾则被称为"实际上之提督者"。"粤人邓世昌,素忠勇,闽人素忌之","'致远'战酣,闽人相视不救"。这支新式军队的风气,很快就与八旗绿营的腐败军风相差无二。

舰队腐败风气蔓延,很快发展为在训练中弄虚作假,欺上瞒下。比如,每次演习打靶,都"预量码数,设置浮标,遵标行驶,码数已知,放固易中",典型的"演为看",以威力强大的假象博取官爵利禄的实惠。最后发展到大战之前,据传"定远""镇远"两艘主炮的战时用弹仅存3枚,唯练习弹"库藏尚丰"。一年前李鸿章已知此事,"令制巨弹,备战斗舰用",却一直无人落实。直至北洋舰队全军覆灭,"定""镇"二舰主炮到底有几枚战时用弹,人人讳莫如深。如此巨大的疏忽,使北洋海军大口径火炮优势顿成乌有。不排除这种可能性:海战中,二舰之主炮绝大部分时间内一直在用练习弹与敌舰作战。

军风腐败,战时必然要付出高昂代价。而力图隐瞒这一代价,就要谎报军情。

丰岛海战中,"广乙"舰搁浅损毁,"济远"舰受伤,北洋海军首战失利。丁汝昌却报李鸿章,"风闻日本提督阵亡,'吉野'伤重,中途沉没"。

黄海海战中,丁汝昌跌伤,是清军仓促开炮震塌飞桥的结果,却上报成"日船排炮将'定远'望台打坏,丁脚夹于铁木之中,身不能动";丁汝昌还向李鸿章报称"敌忽以鱼雷快船直攻'定远',尚未驶到,'致远'开足机轮驶出'定远'之前,即将来船攻沉。倭船以鱼雷轰击'致远',旋亦沉没",实则日方舰队中根本没有"鱼雷快船","致远"舰在沉没前也未曾"将来船攻沉"。

此战,北洋海军损失"致远"等五舰,日舰一艘未沉。李鸿章却电报军机处"我失四船,日沉三船",又奏"据海军提督丁汝昌呈称……此次据中外各将弁目击,攻沉倭船三艘。而采诸各国传闻,则被伤后沉者尚不止此数。内有一船系装马步兵千余,将由大孤山登岸袭我陆军后路,竟令全军俱覆"。一场我方损失严重的败仗,却被丁、李二人形容为"以寡击众,转败为功",而且"若非'济远''广甲'相继逃遁,牵乱全队,必可大获全胜"。清廷也以为"东沟之战,倭船伤重","沉倭船三只,余多受重伤",给予北洋舰队大力褒奖。一时间,除参战知情者外,上上下下皆跌进自我欣慰的虚假光环之中。不能战,以为能战;本已败,以为平,或以为胜,从而严重加剧了对局势的误判。

直至北洋舰队全军覆灭那一天,谎报军情都未终止。1894年11月,铁甲舰"镇远"返回威海时误触礁石,"伤机器舱,裂口三丈余,宽五尺",舰长林泰曾深感责任重大,自杀身亡。这样一起严重事故,经丁汝昌、李鸿章层层奏报,变成了"'镇远'擦伤","进港时为水雷浮鼓擦伤多处"。清廷真以为如此,下谕旨称:"林泰曾胆小,为何派令当此重任?"

有的人谎报军情,甚至使作战计划都发生改变。1895年2月,左一鱼雷艇管带王平驾艇带头出逃,至烟台后先谎称丁汝昌令其率军冲出,再谎称威海已失。陆路援兵得讯,便撤销了对威海的增援。陆路撤援,成为威海卫防卫战失败的直接原因。

在威海围困战后期,北洋海军的军纪已荡然无存。

首先是部分人员不告而别,"北洋海军医务人员,以文官不属于提督,临战先逃,洋员院长,反而服务至最后,相形之下殊为可耻"。

其次是有组织的大规模逃逸。1895年2月7日,日舰总攻刘公岛,北洋海军10艘鱼雷艇在管带王平、蔡廷干率领下结伙逃跑,"逃艇同时受我方各舰岸上之火炮,及日军舰炮之轰击",最后"或弃艇登岸,或随艇搁浅,为日军所掳"。一支完整无损的鱼雷艇支队，在战争中毫无建树，就这样丢脸地毁灭了。

最后发展到集体投降。"刘公岛兵士、水手聚党噪出，鸣枪过市，声言向提督觅生路"，"水手弃舰上岸，陆兵则挤至岸边，或登舰船，求载之离岛"。营务处道员牛昶炳请降，刘公岛炮台守将张文宣被士兵们拥来请降，"各管带踵至，相对泣"，众洋员皆请降。

面对这样一个全军崩溃的局面，万般无奈的丁汝昌"乃令诸将候令，同时沉船。诸将不应，汝昌复议命诸舰突围出，亦不奉命。军士露刃挟汝昌，汝昌入舱仰药死"。结果"镇远""济远""平远"等10艘舰船为日海军俘获。显赫一时的北洋舰队，就此全军覆灭。

甲午之败，腐败使然。从慈禧、光绪到奕譞、李鸿章、翁同龢，再至丁汝昌、刘步蟾等人，可以算一下，在日本联合舰队开炮之前，有多少人参加了埋葬这支舰队的工作。他们有的是海军筹建者，曾为此上下呼吁，四处奔走；有的则是舰队指挥者和战斗参加者，最终随战舰的沉没而自杀身亡；有的至今仍然受到我们的尊敬。他们的悲剧何尝仅是他们个人的悲剧？在政治腐败、军纪废弛的社会环境中，一切都因循往复，形成一个互为因果的恶性循环链：政权建立了军队，又腐蚀着它；军队维护着政权，又瓦解了它。在这一过程中，它们互为牺牲品。

"四万万中国人,一盘散沙而已。"

  回头看看两次鸦片战争,第一次鸦片战争,英国军舰28艘,军队1.5万人;第二次鸦片战争,英法联军约2.5万人长驱直入北京,杀人放火,将圆明园付之一炬,以如此小的兵力侵占一个大国的首都,这在世界战争史上都算奇迹。可见政府的软弱、军力的衰弱到了什么程度!

  第二次世界大战期间,德国发动了对苏联的进攻。希特勒说,苏联就是一间破茅草房子,一脚就能踹倒它。希特勒算错了,他没有踹倒苏联,自己的腿却踹断了。但当时中国就是破茅草房,不管谁上来都一脚踹倒了。我们弄个梁柱支起来,人家再上来一脚又踹倒了,再支起来,再踹倒。

  中国近代以来这种衰弱、这种无力达到极致,一个大国衰弱至此。庚子赔款,空前的4.5亿两白银。庚子赔款后,我们对美国人印象不错,因为美国总统西奥多·罗斯福把部分赔款返还给我们,我们办了留美预备学校,办了协和医院,还有燕京大学一部分,那所留美预备学校就成了我们今天著名的清华大学,所以我们很多人对西奥多·罗斯福印象不错。

但是西奥多·罗斯福极度看不起中国。他曾警告美国人：

> 要是我们重蹈中国的覆辙，自满自足，贪图自己疆域内的安宁享乐，渐渐地腐败堕落，对外国事物毫无兴趣，沉溺于纸醉金迷之中，忘掉了奋发向上、苦干冒险的高尚生活，整天忙于满足肉体暂时的欲望，那么毫无疑问，总有一天我们会突然面对中国今天已经出现的这一事实：畏惧战争、闭关锁国、贪图安宁享乐的民族在其他好战、爱冒险民族的进攻面前，肯定是要衰败的。

罗斯福提醒美国人，一定不能像中国人这样衰败。

而近代中国这种一盘散沙的衰败由来已久，从军到民，触目惊心。

1840年第一次鸦片战争爆发，英军在广州登陆后，类似三元里的抗击不是普遍现象，更多的倒是当地民众主动向侵略者出售牲畜、蔬菜、粮食。

1860年第二次鸦片战争期间，英法联军火烧圆明园，周围照样有中国民众随联军之后，也加入了哄抢园内财物的行列。

1900年八国联军进攻北京，其中，日军最多8,000人，俄军4,800人，英军3,000人，美军2,100人，法军800人，奥地利军队58人，意大利军队53人，满打满算18,811人，就这么点兵力。还有7,000德军在海上来不及赶到。他们都等不及了，向北京出发，

第一章
散沙——山河破碎时的世道人心

10天之内就攻陷了北京。

京畿一带是我们的重镇，天时、地利、人和，我们全都占尽。此处清军十五六万，义和团团民五六十万，从兵力对比来看，平均40个人在家门口堵侵略军1个人。我们堵住了没有？没有！10天之内，八国联军攻陷北京。后来八国联军增兵到七八万，打通州、打保定、打张家口，触角伸得很远，但那都是占领北京之后重新调集来的军队，当初攻下北京的就这1.8万余人。

10天之内攻陷北京，为什么能做到呢？

当年八国联军留下来一些图片，图片上的场景让人哭笑不得：人数众多的雇佣民众跟在八国联军后面，推小车帮着运物资、送给养。图片上的洋人就两个，其他都是帮着推小车的中国百姓。1.8万余人的八国联军队伍需要的后勤辎重，大多是当时中国的民众帮着运送的。

八国联军攻到北京时，北京城高池深，难以攻入。这时，北京的居民又向八国联军通风报信，告知广渠门的下水口没有封堵设防。于是，联军从广渠门下水道鱼贯而入。图片资料上看得清清楚楚，外国军队排着散兵队形，一个一个顺土坡往上攀爬时，两侧有一群又一群留辫子的中国民众揣着手站着，事不关己，麻木地观看，看洋人怎么跟皇帝打仗。

八国联军包围故宫，包围皇宫，民众帮着填平壕沟，帮着架梯、扶梯，还有不少民众坐在城头、墙头上，帮着联军瞭望。

八国联军在北京杀人，指定中国人捆中国人，中国人砍中国人脑袋……

在老百姓看来，洋人在跟皇帝打仗，与我何干？打败了，是皇帝打败了，赔皇帝的钱，割皇帝的地，与我何干？结果形成只有王朝安全，没有大众安全；只有家族安全，没有民族安全的状况，国家安全一开始就从民众心理养成和大众精神状态上处于千疮百孔的脆弱状态。

正如20世纪初孙中山所述："四万万中国人，一盘散沙而已。"

对中国社会病灶认识最深刻的是当时任京师大学堂译局总办的严复。他与日本的伊藤博文几乎同时留学英国。当年他放弃科举，先入福州船政学堂，后入英国格林尼治皇家海军学院学习海军。后人常将伊藤博文与严复做对比，认为伊藤回国后位尊首相，辅助明治天皇搞维新，能使日本面貌大变而受人尊崇，嘲笑严复一辈子不过译了几本书，没有太大出息。

伊藤使日本变法而富强，也使日本扩张而侵略。严复从英国回来后除了译书，基本无用武之地。但在译著孟德斯鸠《法意·卷五按语》中，严复洞若观火一般指出：

> 中国自秦以来，无所谓天下也，无所谓国也，皆家而已，一姓之兴，则亿兆为之臣妾，其兴也，此一家之兴也，其亡也，此一家之亡也。天子之一身兼宪法、国家、王者三大物，其家亡则一切与之俱亡……顾其所利害者，亦利害于一家而已，未尝为天

第一章
散沙——山河破碎时的世道人心

下计也。

这段话极其深刻，点出了中国至弱之源。两千多年封建制度统治，"普天之下，莫非王土；率土之滨，莫非王臣"的观念在中国根深蒂固。当西方各国从17世纪中叶纷纷开始构建现代民族国家之时，中华民族大大落后了。以血缘和姓氏为核心的封建王朝，其兴，是一家的兴，其亡，是一家的亡。

刘姓的汉朝，最后变成什么了？无非变成了李姓的唐朝、赵姓的宋朝、朱姓的明朝、爱新觉罗姓的清朝，王朝的更迭就是姓氏的更迭，统治者只对家族、姓氏负责，不对国家、民族负责，全社会没有"天下为公"的理念和实践，与百姓有什么关系？如此怎么可能要求民众与你"万众一心"？

平民百姓如此，那么之后的"精英"阶层如何呢？我们不妨看看抗战期间出的汉奸，他们都不是一般百姓，而是当时民国政府的党政精英！汪精卫、陈公博、周佛海、王克敏、殷汝耕、梁鸿志、王揖唐、齐燮元、庞炳勋，哪个不是精英人物、党政精英？当时庞炳勋刚刚获得台儿庄会战胜利，刚刚授勋，整个部队就哗变，全部变成伪军。

王克敏，华北伪政府首脑。汪精卫，南京伪政府首脑。王克敏还看不起汪精卫，为什么？因为他投降日本早，觉得自己资格老。这投降日本都成资格了。他跟汪精卫讲怎么跟日本人打交道："你不知道，那帮家伙说话不算话的，跟他们打交道你得跟我学。"汪精卫气得要命，说："我南京（伪政府）是中央政府，你华北是地方政府！"汪精卫在南京伪议会搞了提案，把王克敏的权力尽数剥夺。那天议会表决，王克敏打瞌睡，糊里糊涂跟着举手，一醒来看提案通过，自己的权力没了，任免权、财务权都没了。汪精卫用王揖唐把王克敏换了，王克敏就去找伪政府宣传部部长周佛海，跟周佛海发牢骚："我王克敏无所谓的，我60多岁了，马上70了，将来腿一蹬死了，随便你们怎么骂我汉奸。可你汪精卫，你拉那么多年轻人给你干，人家才二三十岁小伙子，人家将来怎么办！"看看这些当汉奸的都知道自己将来不好办。

王揖唐也算一介文人，访问日本，天皇见了他一次，他就写那样的诗献给日本天皇："八纮一宇浴仁风，旭日萦辉递貌躬。春殿从容温语慰，外臣感激此心同。"肉麻至极，不但知道自己是"外臣"，而且吹捧日本天皇无所不用其极。

就是这伙人，把中国政治演绎得如此丑陋，映射当年出现的集团性的精神沉沦和人格沉沦，不是一个两个，而是一大批，从当年民国政府的党政精英开始。

周作人，鲁迅的弟弟，今天不少出版社出版他的作品，称其为"近代散文第一家"。但是一个作家可以只讲文品、不讲人品吗？

当年，面对日本侵略，很多知识分子在《救国宣言》上签字，周作人不签。七七事变后，北京大学撤离北平，周作人不走。不签、不走可以，你怎么还死心塌地跟着日本人干呢？连劝诱周作人

第一章
散沙——山河破碎时的世道人心

出任伪职的日本人都感到意外，最初以为他不会放弃文人的清高，出任伪职可能性不到1%。日方已有底案，如果周作人坚持不受，也只有作罢，并不打算勉为其难，没想到周作人欣然接受，出任伪华北政府教育总署督办，跟随汪精卫访日访伪满洲国，发表讲演，慰问日本伤兵。

周作人后来说："我不干，他们派刺客来杀我。"其实要杀他的根本不是什么日本刺客，而是国民党军统戴笠，他按照蒋介石的命令，要清除汉奸文人周作人。

当时刺客半夜爬到周作人家里，周作人不知道，自己去开门，刺客当胸给了他一枪。但刺客怕晚上刺杀声音太大，所以为了消音，枪的口径很小，子弹威力不强，正好打中周作人衣服的铜扣子，一下子弹跳开了。周作人应声倒地，却毫发未损，身上连轻伤都没有。他的用人从里屋出来，刺客第二枪把用人打死了。刺客误以为行刺成功，就报告击毙了周作人。

抗战胜利后，周作人以汉奸罪名被民国政府逮捕，判处14年有期徒刑。面对前来探望的朋友，周作人说了一句话："就是死了许多文天祥又何补于事呢？我不希望中国再出文天祥。"其实谁也没有要求周作人这个文弱书生去当文天祥。但不当文天祥就要当汉奸吗？就要在日本侵略者身后摇尾乞怜吗？在那个纲常错乱、廉耻扫地、暗无天日的年代，清华大学教授俞平伯仰天长叹的一句话代表了当时大多数中国人的心声："我们的英雄不知在何处！"

气节何在？担当何在？中国的脊梁何在？

正是在这样令人绝望的情况下，一批共产党人挺身而出。

杨靖宇，中共党员，东北抗日联军第一路军总司令，抗到最后剩他自己一个。有牺牲的、打散的、投降的、叛变的……最后就剩他自己一个。一个人也抗战到底。

我们海南的琼崖纵队，从成立到解放一直存在。而东北抗联很快就被日本人扑灭了，为什么？琼崖纵队所在的位置，敌人力量比较弱，而且生存条件比较好——海南没有冬季，五指山上各种瓜果、植物、野兽都很多，那里生存条件好。东北抗联的环境，冬天零下三四十摄氏度，生存非常困难。雪地行走，留下清晰的足迹。生个火冒个烟，也很快会被发现，很容易暴露。

但日本人就是抓不住杨靖宇，对他佩服有加，说杨靖宇人高马大，像个大鸵鸟，在雪地上三蹦两蹦就没影了。日本人个矮腿短，雪深没膝，怎么跑也追不上他，于是就特别佩服他，甚至把他神化了。2015年我到吉林集安，那是当年杨靖宇活动地域，在集安杨靖宇纪念馆参观的时候，解说员纠正说："杨靖宇身高不是1米八几，杨靖宇身高1米92。"杨靖宇确实是个大个子。

日本人为什么抓不住杨靖宇？不仅因为他人高腿长，更因为他在深山老林里有好多密营，有小木屋，木屋里有粮食有柴火，保证饿不死、冻不死。最终将杨靖宇置于绝境的，不是日本人，反倒是他身边的一个个叛徒。

第一个叛徒：程斌，抗联第一军第一师师长，杨靖宇最信任的人。1938年他率部投敌，组成程斌挺进队。程斌知道杨靖宇必然藏身于某个深山老林的密营。那些密营里有粮食，有柴火，使得杨靖宇能在零下三四十摄氏度的恶劣环境中生存下来。程斌带领"讨伐队"将密营全部捣毁，使杨靖宇失去了生存的保障。

第二个叛徒：张秀峰，军部警卫排排长，父母双亡的孤儿，被杨靖宇抚养成人。1940年2月他带着机密文件、枪支及抗联经费叛变投敌，向日军提供了杨靖宇的突围路线。张秀峰是杨靖宇的贴身警卫，知道杨靖宇的活动规律。此人2月叛变，杨靖宇3月份牺牲。

第三个叛徒：张奚若，抗联第一军第一师特等机枪射手，叛变后在伪通化省警务厅厅长岸谷隆一郎的命令下，开枪射杀了杨靖宇。

第四个叛徒：蒙江县保安村村民赵廷喜，上山砍柴发现了杨靖宇。杨靖宇好几天没吃饭，棉鞋也跑丢一只，看见几个老乡在山上砍柴，就对赵廷喜说："下山帮我买几个馒头，再买双棉鞋，给你们钱。"还叮嘱一句："不要告诉日本人。"而赵廷喜仓皇失措地下山，很快就向日本人告发：杨靖宇在山上。

最终杨靖宇壮烈牺牲。出卖杨靖宇的、围捕杨靖宇的、打死杨靖宇的，都是中国人——没有灵魂、没有血性、跟着谁干都是干、只要能活命就行的中国人。

赵廷喜最后跟杨靖宇说了句话："我看还是投降吧，如今满洲国不杀投降的人。"赵廷喜哪里知道，只要杨靖宇投降，日本人不是不杀，还打算让他出任伪满洲国军政部部长，利用杨靖宇的影响摆平东北抗联。当时脸上、耳朵上、手上都是冻疮，棉鞋跑丢一只，好几天没有吃饭的杨靖宇沉默了一会儿，对赵廷喜回了一句："老乡，我们中国人都投降了，还有中国吗？"杨靖宇这句话真是撼天动地，气壮山河。

什么是中国的脊梁？什么是中国的血性？什么是中华民族永远不灭的灵魂？杨靖宇用整个生命在向世界昭示。

抗日战争最困难阶段，地质学家丁文江讲过一句话："只要少数之中的少数，优秀里面的优秀，不肯坐以待毙，这个民族就总有希望。"杨靖宇就是这样少数中的少数，中国共产党人也是这样少数中的少数。就是这些人用他们的脊梁，硬是扛起了整个民族的希望。

第二章 变局——
歧路惶恐间的挣扎与徘徊

三千年未有之变局，不仅指中国，亦指世界。强者入局，弱者出局。虽有仁人志士前仆后继，中国依旧风雨飘摇，难改积贫积弱之现状。中华民族以灾难为土壤，等待着一颗光明的种子。

从1840年到1949年，从林则徐的虎门销烟，到洪秀全的太平天国运动，曾、左、李的洋务自强，康、梁的戊戌维新，孙中山的辛亥革命，毛泽东的新民主主义革命，所有先进的中国人就为这三个字——救中国，挽救民族命运于危亡。

"三千年未有之变局，三千年未有之强敌"是李鸿章的名言。近代以来，中国人的世界眼光就是在不尽的屈辱与灾难、不尽的冲突与战争中熬炼成的。

因为灾难，眼光日渐清醒

1806年10月，普鲁士军队在耶拿大战中兵败如山倒。卡尔·冯·克劳塞维茨评论说："这不只是一个风格过时的例子，而且是墨守成规导致的极端缺乏想象力的例子。"

作为普军奥古斯特亲王的副官，克劳塞维茨在这场战争中屈辱地被俘了。这位后来成为西方军事战略鼻祖的将领，刻骨铭心地把普鲁士军队失败的原因归结为三条：

一、中高层军官很少认识到战争特征已经发生了根本性变化；

二、军官们更关心自己的军衔和社会地位，而非训练与作战；

三、士兵缺少爱国心和军人精神。

克劳塞维茨的结论是："所有在1806年以前和1806年内关注普鲁士情况而不怀偏见的人，都会评论说，它已徒具其表，实际上已经没落了。……人们听到机器还在轧轧作响，也就没有人问，它是否还在工作。"

后来为世人所称道的普鲁士军事变革就此开始，以总参谋长沙恩霍斯特为首领，克劳塞维茨任其办公室主任。普鲁士军事变革带来的巨大成效，使其最终成为欧洲军事变革的典范。

1840年，这场灾难侵袭了中国。

1842年8月，大清王朝军队在兵败如山倒中结束了第一次鸦片战争。

史学家蒋廷黻评论说："鸦片战争的军事失败还不是民族致命伤。失败以后还不明了失败的理由力图改革，那才是民族的致命伤。倘使同治、光绪年间的改革移到道光、咸丰年间，我们的近代化就要比日本早20年，远东的近代史就要完全变更面目。"

为什么那场改革晚了20年？

蒋廷黻找出了三条原因：

第一，中国人守旧性太重，承认有改革的必要极不容易；

第二，实行新政，科举出身的士大夫地位摇动，他们反对；

第三，中国知识阶级和官僚阶级最缺乏独立的大无畏精神。

最终结局通过一个又一个不平等条约让世界惊诧，如一家澳门报纸评论："中国之装备，普天之下，为至软弱的极不中用之武备，其所行为之事，亦如纸上说谎而已。国中之兵，说有七十万之众，未必有一千人合用。"

从耶拿战役普鲁士王朝的溃败，到鸦片战争大清王朝的溃败，可知变革之艰难，中外概莫能外。变革就是扬弃，就要创新，而扬弃和创新从某种程度上说，就是自己消灭自己。谁又愿意消灭自己呢？但不变革不创新，就会被他人消灭。

后来为世人所诟病的大清军事变革，从八旗到绿营，从绿营到

第二章
变局——歧路惶恐间的挣扎与徘徊

湘淮军,从湘淮军到小站新军,军制转换频繁,超过以往任何一个朝代,但没有一次是战前转制,皆因时机错过战败而被迫转制,结果仍然无法避免下一场失败。就如马克思在《鸦片贸易史》中所说:"一个人口几乎占人类三分之一的幅员广大的帝国,不顾时势,仍然安于现状,由于被强力排斥于世界联系的体系之外而孤立无依,因此竭力以天朝天国尽善尽美的幻想来欺骗自己,这样一个帝国,终于要在这样一场殊死的决斗中死去。"

回望这段历史,我们会发现,当时的清朝是一个从安宁、安逸急剧过渡到动荡、动乱的朝代。在这个朝代,经济曾经持续发展,社会曾经繁荣,不但将延续近两千年的封建政治体制经营到了十分完备的地步,还将以茶叶、蚕丝等农产品和大量手工艺品为代表的农业文明发展到了十分精致的地步。这些成就营造的繁荣与安宁,其副产品是故步自封,妄自尊大,是不思变革,安于现状。纵然当时内部不稳定因素已经日益凸显,也被认为不难控制、无碍大局;纵然外部的挑战已经日益明显,也被认为天朝大国以刚柔并济对付那些"蕞尔之邦",不难羁縻。在如此氛围中,即使统治阶层有志向远大、目光锐利者,其思维视野也不得不受到极大局限。

林则徐,被称为"中国近代睁眼看世界的第一人",是站在我们民族最前沿的人,他嘱托魏源编写了世界地理、历史知识的综合性图书《海国图志》。可惜的是,这部书在中国并没有引起太大反响,传到日本后却引起强烈的震动。

作为这样一个睁眼看世界的人,在南方实施禁烟时,林则徐最初同样对面临的危险估计不足，认为战胜对手不难。

道光二十年（1840年）八月初四，鸦片战争马上就要打起来，英国人已经出兵了。林则徐给道光皇帝上了一个奏折，他认为没问题，英国人来了，我们能打胜他。奏折中写道："彼之所恃，只在炮利船坚，一至岸上，则该夷无他技能，且其浑身裹缠，腰腿僵硬，一仆不能复起，不独一兵可以手刃数夷，即乡井平民亦尽足以制其死命。况夷人异言异服，眼鼻毛发皆与华人迥殊，吾民齐心协力，歼除非种，断不至于误杀。"这是林则徐当时的看法：英国人腿不能打弯，只会在船上开炮，上岸一推就会摔倒，一摔倒就成了废物，随便一个人都能杀死他们。今天我们会认为这是个笑话，可这是当时我们民族最先进的、站在最前线的人对世界的认知。

如果林则徐对英国人的认识是个"笑话"，那么杨芳对英国人的认识简直就可以用"荒诞"来形容。

杨芳，时任湖南提督，历乾隆、嘉庆、道光三朝，屡立战功，平定过张格尔叛乱，是一员宿将。1841年1月27日，道光皇帝正式下诏对英宣战，后派御前大臣、靖逆大将军奕山去指挥作战。奕山又以杨芳为前锋主将。

因为杨芳名气很大，英军战前还紧张了一把。可杨芳是怎么抵抗英军的呢？他认为，英舰能于风浪之中操炮射击，定有邪术。而他的应敌之策之一是用邪物。他命令收集妇女的溺器，装载到木筏上，敌炮一响，就把载有马桶的筏子整齐排列，对准英舰，驱赶震慑其操炮邪术。

第二章
变局——歧路惶恐间的挣扎与徘徊

一代名将上演了一出国际笑话，现在看来简直愚蠢透顶。对比杨芳，我们才能更加深刻地理解拥有穿透危机的眼光的可贵。

年代稍晚的胡林翼，是晚清中兴名臣，晚年任湖北巡抚。一次，他去安庆和曾国藩会商，返回武昌，路过长江，正好见湘军水师浩浩荡荡逆流上行，鼓着风帆，乘风破浪。胡林翼很高兴，他感觉耀武扬威，非常气壮。这时，突然开来一艘英国的火轮船，也是逆流而过，迅速超越了湘军水师，激起的波浪掀翻了湘军水师的一条船，有人落水，旁边船上的士兵纷纷跳下去救人。胡林翼当时大惊失色，几乎从马上栽倒，回到武昌后一病不起。周围人问怎么了，胡林翼第一句话就是"天要变了"。

跟胡林翼同时看见火轮船的人很多，但他们觉得这只是个奇事，没有人察觉到变革将至。但胡林翼不同，虽然他不知道蒸汽机，但他看到人类获得了一种前所未有的异己力量——那条船不靠风帆，不靠桨橹，像个怪物，吐着黑烟，速度飞快。于是他感觉到"天要变了"，这是当时先进者对危机的认知。

无尽探索，不断以失败告终

  为了摆脱衰亡，中国近代以来，历尽各种选择。

  继林则徐之后的是太平天国的洪秀全。

  洪秀全的太平天国运动首先搞的是基督教义的本土化。他以上帝为"天父"、以耶稣为"天兄"，号召农民起义。太平天国以基督教为标榜，震惊了西方诸国。中国这个世界上人口最多的国家基督教化的前景，令所有西方人兴奋不已。英国《泰晤士报》开辟专栏，评论家称太平天国为"划时代的伟大革命""上帝之手"的杰作。美国《纽约时报》发表社论："面对这股日益壮大的势力，任何不友好举动，都是大不幸之事。"太平天国则称西方是"同拜上帝耶稣"的洋兄弟，还设想联合"剿灭清妖"。太平军名将罗大纲说，鸦片战争是"贵国以正当理由用兵之我国，此皆胡虏之咎……非同胞之罪也"。但是，这种对基督教教义的本土化包装，注定会失败。

  尽管清朝统治者的巨大压迫和帝国主义的欺辱已经为农民起义聚集了太多的干柴，但太平天国的思想意识形态在中国水土不服，

第二章
变局——歧路惶恐间的挣扎与徘徊

很难行得通。后来，永远不会为失败者背书的西方也参与了对太平天国运动的镇压。所以不难理解，以捍卫传统礼教为旗帜镇压太平天国运动的曾国藩为什么能胜利。曾国藩宣称保护中国传统的名教，所以越来越多的人，包括各地的地方势力都拥护他。

镇压洪秀全的曾国藩、左宗棠、李鸿章后来推出了洋务运动。中国的大问题在哪儿呢？他们认为，原因在于器不如人，机器制造、科学技术不行，一定要搞上去。

李鸿章说："中国文武制度，事事远出西人之上，独火器万不能及。"

于是，1861年，同治皇帝钦准了《通筹夷务全局酌拟章程六条》，开始了轰轰烈烈的洋务运动，学习西方先进科学技术，开工厂、制机器、铸大炮、造轮船，该运动持续了30年。

李鸿章本是清廷中最具危机感的大臣。早在甲午战争前二十年，李鸿章就率先指出，西洋各国虽然强大，但远在七万里之外，而日本就在家门口，伺我虚实，实为中国的永远大患。

1881年，他再次强调，之所以不遗余力地创建北洋水师，一大半就是为了制驭日本。目标不能说不明确，警惕性不可谓不高。当年他在直隶总督任上，为了制止慈禧太后修建颐和园，还抓捕了奸商李光昭。当时李光昭受朝廷内务府指派，负责筹集修建颐和园所需的木材。李鸿章对李光昭不依不饶，严加审讯，以"诈传诏旨"罪，判处李光昭斩监候，震动朝野。朝廷诸臣正是以此案为契机，联衔上疏，才制止了慈禧的第一次修园活动。

但随着"定远""镇远"两艘铁甲舰的到来及北洋海军的成军,作为中国近代海军创始人,在一片夸赞声中,李鸿章也开始飘飘然。1891年、1894年两次校阅海军,他感觉"就渤海门户而论,已有深固不摇之势",认为整个北洋海防,北至辽沈,南至青济,二千里海防没有漏洞,形势完固。即使到了甲午海战爆发前夕,李鸿章仍然认为海防门户坚固,敌人绝不敢轻举妄动,"即不增一兵,不加一饷,臣办差可自信,断不致稍有疏虞"。而且他还雇用了大量的同乡和依附者,催生和放纵了军队的贪腐行为。

此时,李鸿章已由早年间对日本的高度警惕,变成了晚年的昏庸和麻木。战前,北洋水师提督丁汝昌要求配置速射炮,需银60多万两,李鸿章却说无款可用。直到北洋舰队在黄海海战中战败,他才上奏说明海军存款的具体情况:汇丰银行存银107万余两,德华银行存银44万两,怡和洋行存银55万余两,开平矿务局领存52万余两,总计竟达260万余两。

无款可用的海军和藏款不给的李鸿章,何其矛盾?

可以说,洋务运动最大的成果是北洋水师,但在1894年甲午海战中全军覆没,一艘舰都没留下来。北洋水师的全军覆没标志着以"自强""求富"为目标的洋务运动彻底失败。

痛彻肺腑的中国人开始从体制上查找根源。康有为、梁启超出场了。他们认为曾、左、李的"器不如人"太肤浅了,中国的问题在哪儿呢?制不如人,是制度层面出问题了。

第二章
变局——歧路惶恐间的挣扎与徘徊

梁启超讲:"唤起吾国四千年之大梦,实自甲午一役始也。"制不如人,体制出问题了要改制,戊戌维新就是改制。

戊戌维新的发起者康有为向光绪皇帝上奏"下诏鼓天下之气,迁都定天下之本,练兵强天下之势,变法成天下之治",核心是变君主专制为君主立宪——"东西各国之强,皆以立宪法、开国会之故",提出大清应"以俄国大彼得之心为心法,以日本明治之政为政法"。

但康有为的两部变法理论《新学伪经考》《孔子改制考》包含大量主观超越客观、随意扭曲历史为我所用的内容,既不严谨,也不科学,后来写的《人类公理》(后改为《大同书》)更加脱离实际,含有很多异想天开的成分,以致后来毛泽东批判说:"康有为写了《大同书》,他没有也不可能找到一条到达大同的路。"

君主立宪没有成功,戊戌维新失败,但是辛亥革命成功了,共和政体建立了。

孙中山起初也是改良派,他觉得大清虽有痼疾,但仍可通过改良挽救。于是他上书给李鸿章,可无人理睬。1895年《马关条约》签署之后,孙中山再也不向李鸿章提建议了。他成立了兴中会,纲领就是"驱除鞑虏,恢复中华",于是革命发生了。需要指出的是,孙中山也向往过社会主义。1905年他专程前往设在比利时布鲁塞尔的第二国际书记处,要求成为"党的成员",但是第二国际并没有接纳他。

1911年10月10日,湖北新军发动武昌起义。

当时，孙中山正乘火车从美国西海岸往中部、东部募捐。此行前，他收到了黄兴从香港拍发的一封电报。那时，革命党人发电报互通消息，为了防止清政府截获，往往使用密码，电报要用密码本破译。可是孙中山的密码本已经放在行李中，无法取出来破译电报，所以直到在丹佛下车取出行李后，他才知道电报内容。

黄兴告诉他，武昌革命党人吕志伊向香港报告："新军必动，请速汇款应急，并前往支持。"

疲惫的孙中山把电报撂到一旁。半年前，也就是1911年4月，他以最多心血组织的广州起义刚刚失败，黄花岗掩埋了72位烈士的遗体，他一遍遍做的，是失败后设计掩埋烈士，安抚烈士遗孤，然后满腔悲愤地写下一篇又一篇祭文。眼下他正四处筹款，<u>丝毫没有意识到数十年来牺牲、奋斗所追求的目标已近在眼前</u>。

既无款可汇，更无法前往主持，这是孙中山看完电报后的第一个念头。本想立即回电黄兴，要武昌新军暂时勿动，但因夜已深，旅途劳顿，他决定次日晨起再回电。

第二天，孙中山却一觉睡到上午11点。他起床去餐厅吃早饭，在走廊上购报一份准备入餐室阅看，随手展开，立见一则令他浑身血液停止流动的醒目黑体大字专电："革命党人占领武昌。"

辛亥革命爆发。据说，当时孙中山手中的牛奶杯子掉在地上，摔得粉碎。

中国爆发革命的消息迅速传遍世界。虽然正是孙中山坚持不懈的努力为推翻清王朝奠定了基础，但最具决定性且唯一成功的武昌

第二章
变局——歧路惶恐间的挣扎与徘徊

暴动,他不但事前未能参与,还几乎去电阻止。

辛亥革命最富戏剧性的情节就是历史怎样把小人物变成了大人物。革命爆发时,竟然群龙无首。孙中山在美国,黄兴在香港。武昌新军的领导者在起义前被捕的被捕,被杀的被杀,脱逃的脱逃,真正举事的领导者,只是新军中的熊秉坤等基层军官。

而后来被称为"首义都督"的黎元洪原本不是革命者,更不是革命领袖人物,听到新军起义,他先从营房逃跑,一路东躲西藏,最后钻到床下,后来被起义官兵从床底下拖出来,用枪逼着当了湖北军政府都督,被强行推上了历史舞台。

黎元洪被逼出头后,有一段名言:"元洪不德,受各位抬举,众意难辞,自应受命。我前天未下决心,昨天也未下决心,今天上午也未下决心,现在是已下决心了。成败利钝,生死以之。"这是他下决心参加革命,剪了辫子后对士兵训话时说的。因为没有做好准备,所以藏在床底下;又因为局势需要,所以被拖了出来。

中华民国,就是以这种形态开场的。

1912年元旦,中华民国成立。

1912年3月5日,上海《时报》载文《新陈代谢》,描述了当时中国社会的变化:

> 共和政体成,专制政体灭;中华民国成,清朝灭;总统成,皇帝灭;新内阁成,旧内阁灭;新官制成,旧官制灭;新教育兴,旧教育灭;枪炮兴,弓矢灭;新礼服兴,翎顶补服灭;前

发兴，辫子灭；盘云髻兴，堕马灭；爱国帽兴，瓜皮帽灭；爱华兜兴，女兜灭；天足兴，纤足灭；放足鞋兴，菱鞋灭；阳历兴，阴历灭；鞠躬礼兴，拜跪灭；卡片兴，大名刺灭；马路兴，城垣卷栅灭；律师兴，讼师灭；枪毙兴，斩绞灭；舞台名词兴，茶园名词灭；旅馆名词兴，客栈名词灭。

这"一灭""一兴"，活灵活现地描绘出当时社会发生的巨大变迁，但巨大变迁后面隐藏的是动荡与混乱。

皇权被推翻了，旧的社会权力中心、资源分配中心随之消失，新的中心又是谁？是孙中山领导的同盟会还是袁世凯手中的北洋军？

当时，军事力量基本掌握在袁世凯手里，革命的先驱孙中山缺乏实力；对共和的解释权又掌握在孙中山手里，实力派袁世凯缺乏道义。

孙中山长期漂泊海外，从事革命工作，影响他在普通中国民众中形成政治魅力；袁世凯是大清王朝的旧臣与重臣，也影响他在各个革命团体中形成政治魅力。

孙中山与袁世凯的政治对立与军事拉锯，导致了中国社会权力中心的真空与半真空。原本就是一盘散沙的中国社会，此时变得更加松散。一方面，多个权力中心出现，谁也指挥不灵、调动不灵；另一方面，各种地方实力派系动辄搞分裂、闹独立。

薄弱的共同基础，造就畸形的政党政治，国家稳定因素骤减，

第二章
变局——歧路惶恐间的挣扎与徘徊

政治动荡因素陡增，社会组织变得更加涣散。美国著名中国问题专家费正清曾说："天子一旦从人们心目中消失，中国的政治生活不可避免地乱了套，因为这时国家之首没有获得通常那种思想意识上的公认，来行使最终的权力。由一个朝代所体现出来的统治权，比刚宣称的人民的统治权更为具体和明确得多，特别是因为当时还没有什么选举过程来把权力的某种形式赋予人民。"

辛亥革命诞生了中华民族历史上第一个现代国家——中华民国。可中华民国建立之后，中华民族的灾难依然没有终止。我们有种观点，认为共和成果被窃国大盗袁世凯给偷窃了。但是，如果全面地看，袁世凯1916年就死了。袁世凯死后12年，我们还实验了12年共和，结果怎样？北京9易政府，24次内阁改组，换了26任总理，军阀混战，生灵涂炭，共和也没搞成。

早在1913年，李大钊便在《大哀篇》中说：

> 革命以前，吾民之患在一专制君主；革命以后，吾民之患在数十专制都督。昔则一国有一专制君主，今一省有一专制都督。前者一专制君主之淫威，未必及今日之都督。

革命之前，有一个皇帝；革命之后，一省一个"土皇帝"。城头变换大王旗，军阀混战，生灵涂炭。从1911年至1931年的20年间，仅四川一省，军阀混战就发生了478次。大众的福祉、黎民的权益，几乎全部淹没在对权力的争夺、对地盘的争夺之中。

推翻帝制，创立民国，虽然坐轿子的换了一批人，但抬轿子的几乎没有变化，仍然还在抬轿子。另一个没有变的是，随意被踢开国门、随意被烧杀抢掠的现象仍然没有终止。

1914年8月，第一次世界大战爆发。日本趁机加紧侵略中国。

1915年1月18日，日本驻华公使日置益晋见袁世凯，递交了二十一条要求的文件，并要求袁政府"绝对保密，尽速答复"。

"二十一条"的内容，分五大项：承认日本继承德国在山东的一切权益，山东省不得让与或租借他国；承认日本人有在南满和内蒙古东部居住、往来、经营工商业及开矿等项特权，将旅顺、大连的租借期限并南满、安奉两铁路的管理期限，均延展至99年；汉冶萍公司改为中日合办，附近矿山不准公司以外的人开采；所有中国沿海港湾、岛屿概不租借或让给他国；中国政府聘用日本人为政治、军事、财政顾问，中日合办警政和兵工厂，将武昌与九江、南昌间及南昌与杭州、潮州间各铁路修筑权让与日本，等等。

"二十一条"严重损害了中国主权，袁世凯不敢立即表示接受。1915年2月2日正式谈判开始，日本以支持袁世凯称帝引诱于前，以武力威胁于后，企图使袁世凯政府全盘接受。

一时间，全国反日爱国斗争浪潮高涨。日本见事态严重，便一面宣布第五项为希望条件，属于劝告性质；一面提出新案，内容与原要求一至四项基本相同，仅将若干条文改用换文方式。

5月7日，日本发出最后通牒，限中国政府48小时内应允。袁世凯指望欧美列强干涉的计划落空，又怕得罪日本，自己做不成皇

第二章
变局——歧路惶恐间的挣扎与徘徊

帝,便以中国无力抵御外侮为理由,于9日递交复文表示,除第五项各条"容日后协商"外,全部接受日本的要求。5月25日,双方在北京签订了所谓的"中日条约"和"换文"。

"二十一条"是日本帝国主义以吞并中国为目的而强加于中国的单方面条约,袁政府事后也不得不声明,此项条约是由于日本最后通牒而被迫同意的。此后历届中国政府,均未承认其为有效条约。

1919年,北洋军阀主政下的中国,作为第一次世界大战的战胜国出席巴黎和会。在人们欢呼"公理战胜强权"的兴奋时刻,英、美、法、意、日"五强"却操纵和会,将战败国德国在中国山东的权益转让给日本。

之后,轰轰烈烈的五四运动爆发了,宣称"外争国权,内惩国贼",北洋军阀政府的权威开始坍塌。

与此同时,思想上的探求也一直在继续。1919年五四运动之后的新文化运动,已经打出"打倒孔家店"的旗号了。

新文化运动的领军人物们认为过去说的"器不如人""制不如人"都太肤浅了。中国的问题是什么呢?是思想文化不如人,所以要彻底抛弃中国传统思想文化——孔孟之道。当年就是这种思想方法和思维方式:一定要找到一个原罪,然后坚决打倒它,从而解决所有问题。

当年"打倒孔家店"的旗号,与今天遍布全世界的孔子学院,形成多么大的反差啊!今天看来,孔子没有妨碍我们走向现代化。

出了问题，不是孔子的问题，而是我们自己的问题，我们却只用找替罪羊的方式。

当年不仅怪罪孔子，还怪到汉字了。五四运动先驱胡适、钱玄同、陈独秀、郭沫若等一批人都讲到汉字的问题了，认为汉字也是导致中国落后的罪魁祸首，提出汉字要罗马字母化。

当年多么激进啊，比如白话诗，严格的什么五律五绝、七律七绝，太烦琐了。要率先革命，胡适、郭沫若开始作白话诗。当时甚至有这样一首歌颂水的白话诗："伟大的水啊，氢二氧一。"这还是诗吗？把化学分子式都直接写进去，这样的诗能流传下去吗？流传到今天的古典文学，"千山鸟飞绝，万径人踪灭。孤舟蓑笠翁，独钓寒江雪"是何等优美的意境啊！是"氢二氧一"能比的吗？

我们今天讲这些前人，丝毫没有否定他们的意思。他们都是探索者，他们都在探索，寻找一条摆脱灭亡的路径。从洪秀全到五四运动的先驱都是这样的人。他们都有缺点、都有错误、都有问题，但他们都是探索者。没有他们的探索失败，就没有我们后来探索的成功。我们后来探索的成功都是建立在他们基础之上的。

谁能担当民族救亡之责？

北洋政府这一傀儡政权在轰轰烈烈的北伐运动中倒台后，中华民族并未迎来真正的新生。

我们今天讲中国梦，当时中国社会也有中国梦。北京、上海的学者联合做了一次调查：你的梦想是什么？

当年中国清华大学教授林语堂回答："只希望国中有小小一片不打仗、无苛税、换门牌不要钱、人民不必跑入租界而可以安居乐业的净土。"我们今天很难设想这是一个什么样的中国，觉得距离非常遥远。很遥远吗？八九十年前中国就是这个样子。

燕京大学教授顾颉刚谈他的梦想："没有人吸鸦片、吞红丸，这是最重要的事。这种嗜好延长下去，非灭种不可，任凭有极好的政治制度，也是无益的。"顾颉刚感慨万千，认为，只要吸毒，建立什么制度都是无效的。

上海大学者施蛰存说他的梦想："中国人走到外国去不被轻视，外国人走到中国来，让我们敢骂一声'洋鬼子'，你知道，先生，现在是不敢骂的。"当时施蛰存在上海，上海外滩公园"华人与狗不许入内",你敢骂吗?不敢骂啊!

罗文干谈他的梦想:"政府能统一全国,免人说我无组织,内争的勇毅转用来对外。武官不怕死,文官不贪钱。妇女理家,崇尚勤俭,不学摩登。青年勤俭刻苦,不穿洋服,振兴国货。"

当年这些知识分子,他们是中国社会的良心。他们的呼吁、他们的梦想集中在一起就是四个字:民族救亡。民族到了危亡的边缘,到了亡国灭种的边缘。大清王朝推翻了,民国建立了,而灾难没有停止。

1931年,日本关东军1.9万人发动九一八事变,中国东北军19万人,两天丢掉奉天(今沈阳),一个多星期丢掉辽宁,两个多月后东三省沦陷。东北军几乎20倍于日军,却轻易丢了国土。1937年七七事变,日本华北驻屯军最高统计是8,400人,宋哲元部二十九军10万人,结果一个月内华北沦陷。当时的中国就是如此衰弱,一击即垮。

蒋廷黻在其著作《中国近代史》中发问:"近百年的中华民族根本只有一个问题,那就是:中国人能近代化吗?能赶上西洋人吗?能利用科学和机械吗?能废除我们的家族和家乡观念而组织一个近代的民族国家吗?能的话,我们民族的前途是光明的;不能的话,我们这个民族是没有前途的。"

完成建立近现代民族国家的重任,历史地落在了中国共产党身上。

中国共产党从诞生起就不被人看好。

第二章
变局——歧路惶恐间的挣扎与徘徊

但中国共产党还未诞生,就看好了马克思主义。

马克思、爱因斯坦和弗洛伊德,被认为是对当代世界产生决定性影响的三位思想巨人。三人又都是犹太人。

对中国革命产生很大影响的也有来自共产国际和苏联的两个犹太人:鲍罗廷、米夫。其中,鲍罗廷在国民党中发现了蒋介石。

很多人原以为蒋介石是孙中山选定的接班人,于是说,接班人选错了。蒋介石也常以"总理唯一的接班人"自居。据说,孙中山临终时口中直呼"介石",情之深切,意之难舍,痛于言表。

事实并非如此,蒋介石的政治道路并不平坦,他1963年11月在台湾回忆说:"我是二十一岁入党的……直到二十七岁总理才对我单独召见。虽然以后总理即不断地对我以训诲,亦叫我担任若干重要的工作,但我并不曾向总理要过任何职位,而总理却亦不曾特派我任何公开而高超的职位。一直到我四十岁的时候,我才被推选为中央委员。我开始入党,到担任党的中央委员,这中间差不多相距二十年之久……"言语之间,饱含当年的不遇与委屈。

1905年,蒋介石在东京由陈其美介绍而认识孙中山,但孙中山倚为股肱的军事人才,先是黄兴、陈其美,后是朱执信、邓铿、居正、许崇智、陈炯明。陈其美殉难,孙中山说"失我长城";朱执信病逝,孙中山说"使我失去左右手";孙中山对陈炯明寄予厚望:"我望竞存(陈炯明)兄为民国元年之克强(黄兴),为民国二年后之英士(陈其美),我即以当时信托克强、英士者信托之。"

可见当时孙中山器重的不是蒋介石。所以,很长一段时间里,他未委派蒋重要的军事职务。蒋介石首次在孙中山面前显露军事才能，是上书陈述欧战情势及反袁斗争方略，这才使孙中山对他有所注意。在陈炯明任职期间，蒋介石又连向孙中山呈《今后南北两军行动之判断》《粤军第二期作战计划》等意见，这也仅使孙中山觉得他是个不错的参谋人才，仅此而已。因此，从1918年7月辞陈炯明部作战科主任，至1924年9月辞黄埔军校校长，6年时间里，蒋介石先后辞而复职竟达14次之多。

蒋介石登上中国政治舞台首先是利用了苏联顾问鲍罗廷提供的机遇，其次便是手中的枪杆。

袁世凯最先给中国政治带进了枪杆子，孙中山则最先给中国革命带进了军事思想，但是把枪杆子用到炉火纯青的地步的，还是蒋介石。

蒋介石在相当一段历史时期内所向无敌。他通过辞职、下野、收买、驱逐、行刺、战争等手段，使如此众多的对手如多米诺骨牌一般纷纷倒地。他赶走许崇智，软禁胡汉民，孤立唐生智，枪毙邓演达，刺杀汪精卫，用大炮、机关枪压垮冯玉祥、阎锡山、李宗仁、白崇禧、陈济棠，用官爵和"袁大头"买通石友三、韩复榘、余汉谋：中国政治舞台上从古到今十八般武器，他样样会使，而且对每一件都运用自如。原本不太拿这个奉化人当回事的众多风云人物，纷纷被他如挑滑车一般弄翻在地。

1930年9月8日，蒋、冯、阎大战之际，阎锡山在北平第八次总理纪念周上给反蒋派打气，说蒋介石有四必败：

第二章
变局——歧路惶恐间的挣扎与徘徊

一曰与党为敌；

二曰与国为敌；

三曰与民为敌；

四曰与公理为敌。

被称为"不倒翁"的阎锡山所言极是。在很长一段时间内，没有人比阎锡山对蒋介石的总结更为准确、更为精辟、更为深刻。但蒋介石纵横捭阖，就是不败。对众多的北洋老军阀和国民党新军阀来说，此谜也是终生不得解。

从客观因素看，他们不明白蒋介石代表着比他们更为先进的势力，与衰亡的封建残余更少粘连，与新兴的资产阶级有更多关系。

从主观因素上说，他们也忽视了蒋介石的精神底蕴。

1906年，蒋介石入陆军速成学堂，即保定军官学校前身。有一天，日本军医教官讲卫生学，取一土块置于案上，说："这一块土，约一立方寸，计可容四万万微生虫。"停顿片刻，该医官又说："这一立方寸之土，好比中国一国，中国有四万万人，好比微生虫寄生在这土里一样。"话音未落，课堂内一学生怒不可遏，冲到台前将土击飞，大声反问道："日本有五千万人，是否也像五千万微生虫寄生在八分之一立方寸土中？"军医教官毫无准备，稍许缓过劲来，发现是学生中唯一不留辫子的蒋介石，便指其光头大声喝问："你是否革命党？"该事在陆军速成学堂掀起轩然大波。

1908年，蒋介石第一次读到邹容的《革命军》时，邹容已在三年前被清廷处死。蒋介石对该书"酷嗜之，晨夕览诵，寝则怀抱，梦寐间如与晤言,相将提戈逐杀鞑奴",对革命与造反的情怀难以言表。

1912年,蒋介石在日本创办《军声》杂志社,自撰发刊词,并著《征蒙作战刍议》一文。当时沙俄引诱外蒙古独立,蒋介石十分愤慨,"甚思提一旅之众,以平蒙为立业之基也"。

不可否认,蒋介石的青年时代一以贯之着极强的精神气质。

1924年6月24日,时任黄埔军校校长的蒋介石给学生作《革命军人不能盲从官长》的讲话,说,"十三年来,中国的军人被袁世凯辈弄坏了,他们专用金钱来收买军人,军人变为他们个人的利器,专供他们做家狗","官长权限一大,便可卖党卖国";又说,"我们革命是以主义为中心,跟着这个主义来革命,认识这个主义来革命的,决不是跟到一个人,或是认识一个人来革命的。如其跟到一个人,或是认识一个人来革命,那就不能叫作革命,那就叫作盲从,那就叫作私党,那就叫作他人的奴才走狗了。中国人的思想习惯到如今,仍旧是几千年前皇帝奴隶的恶劣思想"。

这篇讲话的思想甚为解放,后来的人们却有不同的解读。据称,这篇讲话前半部分在说陈炯明,后半部分在说孙中山,认为陈炯明在广东搞军阀割据,而孙中山在广东搞个人崇拜。

也许当年蒋介石讲话真有所指,但同样不可否认的是,能够讲出这番话的人,必定拥有一些信念和底蕴,有某种精神力量。

1923年,蒋介石访苏,至彼得格勒参观冬宫。五彩大理石建造的金碧辉煌的沙皇宫殿,没有给他留下太深印象,他觉得"所

第二章
变局——歧路惶恐间的挣扎与徘徊

谓金间、银间、翡翠间者，皆不过镀饰其外表，无足珍贵者"，而"惟新立一历史馆，标树其革命党过去之伟迹血状，皆足怵目悚魂，殊令人兴感也"；后来赴莫斯科参加许多政治活动，"听加米涅夫、布哈林等演说，又见海军革命发难二官长及一水手，登台表述其勋劳光荣，心颇感动"。彼时，蒋介石胸中又澎湃过怎样的激情？

所以黄埔军校门口有一副铿锵作响的对联：

"升官发财，请走别路；贪生怕死，莫入此门。"

蒋介石的力量不仅仅来源于兵力和金钱。这种力量，冯玉祥、阎锡山、唐生智、李宗仁皆不敌。

他是共产党人遇到的前所未有的对手。

因此，我们说，对毛泽东的选择不是共产国际的选择，而是历史的选择。对蒋介石的选择也不是孙中山的选择，同样是历史的选择。

自1927年4月18日南京国民政府成立，至1949年4月23日南京解放，蒋介石三次上台，三次下野，可谓"三上三下"，回回依靠枪杆起死回生。

第一次下野是1927年8月14日，因为国民党内各派系的争权夺位，但不到5个月蒋介石便被请回来上台。

第二次下野是1931年12月15日，因为九一八事变，东北三省被占和"剿共"不力，但仅44天蒋介石就重返南京政府中枢。

下野成为蒋介石的一种聚集力量的策略。枪杆子在手，自会有人来请。结果他每一次上台都比原来的实力更加强大,手段更加老辣。国民党能够把蒋介石赶走的时间越来越短,越来越离不开这个非同寻常的人物。

但毛泽东让他第三次下台。

1949年1月21日,蒋介石在南京总统官邸宣布"引退"。这一次是他统治大陆22年的结束。

剿灭共产党,是蒋介石一生追求的目标。在西安事变的时候,他认为自己只差了两个星期,不然就可以把红军全部消灭了。当然,这是一种错误的判断。到了解放战争时期,蒋介石说三个月就可以消灭关内关外的所有共产党部队。最后他被赶到台湾去了。就是在台湾,他还搞"一年准备,两年反攻,三年扫荡,五年完成"的反攻大陆计划。蒋介石一辈子就想战胜共产党,一辈子没搞成,最后败了,就败在毛泽东手下。

为何而败?是败于主义,还是败于枪杆?是败于对历史的把握,还是败于对未来的规划?蒋介石也许终生不解。

遇上毛泽东,蒋介石便也遇上了前所未有的共产党人。

这才是历史最终的选择。百年中国的政治舞台,各种力量熙熙攘攘,来来往往,都不乏机会走到台前表演一番,但大浪淘沙,砥杜恒存,于无穷无尽的灾难中走出了中国共产党人。

第三章 星火——
共产党人的伟大历史自觉

共产党人是苍穹之上的星光,是大地深处的岩浆,势可燎原,照彻未来。越曲折,越奔流;越苦难,越辉煌。从失败走向胜利,以智勇缔造奇迹。

一个1921年成立的政党，一支1927年创建的军队，二十多年的时间里，从小到大、从弱到强、从失败到胜利，最终夺取全国政权。而对手掌握全国资源，掌握国外援助，掌握一切执政者所能掌握的优势，竟然在二十多年里全盘崩溃，灰飞烟灭。这个党和军队的力量的真谛在哪里？

可知与未知：从千山万水到枪林弹雨的阻隔

中国共产党人今天取得的成就举世瞩目，其历史也让外国人和对手好奇。

2001年以前，来国防大学学习的基本都是发展中国家军队的军官。2001年以后，我们开始招收发达国家——美国、英国、法国、德国、澳大利亚、日本、韩国等——的军官来学习。我们发现，发达国家的军官和发展中国家的军官大不一样：发展中国家的军官完全按照我们安排的日程进行，发达国家的军官则不是。

有一次，我们外出参观山东、上海。在去上海的路上，发达国家的军官在火车上提出，到了上海，他们能不能不去参观我们安排的项目，能不能自己想看什么就看什么。

我们同意了他们的意见。到上海后，队伍分成几个小组，当时我与法国军官路易和德国军官汉斯组成一个小组。首次到中国的汉斯提出想看看孙中山故居。

我当时很惊讶，问他："你第一次来中国，你怎么知道上海有孙中山故居？"汉斯说："孙中山领导中国革命最先聘请了德国顾问，我们德国人对你们的革命可是做出了贡献的啊。"我这才明白，看来他在来中国以前已经做足了功课。

参观完孙中山故居，该由法国军官路易提建议了。路易的建议更让我大吃一惊：他提出要看中共一大会址。今天我们一些共产党员到了上海都想不起要看中共一大会址，第一次到中国的法国军官提出了这样的要求！路易对我说："我知道当时你们很危险，到处抓你们，所以你们中国共产党的第一次会议选择在法租界召开。你们现在搞成了这么大的局面，可不要忘记法国人的贡献啊。"

这些事例令人印象特别深刻。他们都在翻找历史、追溯历史，都在力图发现自己对今天这个举世瞩目的成功者曾经做出的贡献。

2015年8月，台北市市长柯文哲访问大陆，他是无党派人士，但是追求"台独"。台北和上海是友好城市，上海市一位副市长负责接待了他。柯文哲到上海就提出要看中共一大会址，并留下参观感言："在这些刻着历史痕迹的伟大建筑之前，人类显得如此渺小。"柯文哲说自己18次到大陆，陈水扁当"总统"时就来过7次了，除新疆和东北，其他省几乎都去过。他到大陆来不是看大熊猫，也不看兵马俑、万里长城，而是去井冈山、西柏坡、遵义、延安。他说，去延安是因为那里是共产党走向成功的地方，可以从头、从根源来学习共产党的经历，学习共产党成功的经验。他说中共一大会址给他最深的印象就是毛泽东讲的八个字——"星星之火，可以燎原"。

他们这些人，都是来寻找中国共产党为什么能够成功的答案。

第三章
星火——共产党人的伟大历史自觉

我经常讲，中华民族总在关键时刻有一批人成为民族的脊梁。在大家万念俱灰的时候，总有一些人会挺身而出、横刀立马，成为中华民族的脊梁和精神的图腾。

中国共产党成立当年，就是有一批这样的人走上中国政治舞台，年纪轻轻就干大事，年纪轻轻就丢性命。他们不是为了自己的名誉、地位而拼搏，而是为了民族救亡而拼搏。

当年这批年轻人走上历史舞台的时候，谁看好他们了？谁觉得他们将来会如何了？他们有资源吗？有名望吗？什么也没有，他们救国救民，凭什么救？

所以，当1921年中国共产党在上海这个石库门房子建立的时候，没有人能想到中共建立的重大的现实意义和深远的历史意义。当年中国社会有200多个政治团体和党派，中共成立了还是200多个，如果解散了也是200多个，显不出它来，所以没有谁看得起它。甚至连当年中国共产党的发起者"南陈北李"——南面的陈独秀、北面的李大钊，是他们发起成立的中国共产党——中共一大在上海召开了，他们俩都没有去开会。

陈独秀当时在南方政府出任教育厅厅长，正在筹款，如果他离开，款子就不好办了，不能去。李大钊呢？因为当时北京的北洋军阀政府财政困难，停发了北京八所高校的教职员工的薪金，这八所高校成立了"联合索薪委员会"，李大钊是索薪委员会的重要负责人，整天开会忙于追讨工资，也没时间到上海。

中共一大13个代表，最年轻的是北京小组成员刘仁静，当年仅19岁，也就是今天应届高中毕业生的岁数。1983年，80多岁的刘仁静已是中共一大最后一位在世的代表。接受采访时，他实实在在就说了这么一句话："根本没想到是这么重要的一次会。"不就是到上海开一个会吗？谁想到是这么重要的一个会议了？

刘仁静说："李大钊不去，北京小组空出一个名额，空出名额轮不着我，北京小组还有多位资深同志。首先问邓中夏，邓中夏回答不去，他要到南京参加中国少年学会的会议，没有时间。然后问罗章龙，罗章龙也回答不去，他要到长辛店开工人座谈会，也没时间。"刘仁静在回忆录里面写道："这个莫大的光荣，就这样历史地落在了我的头上。"虽然他后来被党开除，却仍然以中共一大代表身份闻名于世。

中国共产党这13位一大代表，拥有何等重要的历史地位，但当年有谁在意？中共刚刚成立，便走的走，散的散，各奔东西。

1922年陈公博脱党，1923年李达脱党，1924年李汉俊脱党，1924年周佛海脱党，1927年包惠僧脱党，1929年刘仁静被党开除，1938年张国焘被党开除。中共一大13个代表中，出问题的有7个，半数以上出问题了。其中，陈公博、周佛海当了大汉奸，抗战胜利后被国民政府判处死刑。张国焘因"南陈北李"都未与会，当选中共一大执行主席。宣布大会开幕、宣布中国共产党成立、宣布大会闭幕的，都是张国焘，何等重要的历史地位，最后他却在国民党军统戴笠手下当特务——军统特务。中共一大执行主席与国民党军统特务联系起来，又是一种什么样的历史命运？

第三章
星火——共产党人的伟大历史自觉

关于他们7个人，我在《苦难辉煌》这本书里就做了假设。如果历史是可知的，如果他们都知道，由他们成立的这个党在28年以后要夺取全国政权——1921年建党，1949年建立新中国——他们还会不会这么做？还会不会脱党的脱党，当汉奸的当汉奸，当叛徒的当叛徒？

除了出问题的，还有多名牺牲的：王尽美1925年牺牲，邓恩铭1931年牺牲，何叔衡1935年牺牲，陈潭秋1943年牺牲。

13个人里从头走到尾的只有两个：毛泽东和董必武。

对中共的艰难，我们不需要用什么形容词、什么副词去形容，不需要什么妙笔生花、添油加醋、无中生有，仅仅看中共一大13个代表各自的走向，就知道这个党何其艰难。

自己人不看好自己的党，那么共产国际是否看好中国共产党呢？

同样不看好。当时共产国际支持中国共产党成立，主要是想在中国培植对北洋军阀政府的牵制力量，好让北洋军阀不能毫无顾忌地反苏。苏联共产国际这个指导者一直都不看好中国革命能在中国共产党的领导下搞成，甚至不相信中国能存在社会主义。

再具体地说，斯大林在中国革命中首先看好的人物是蒋介石，而非毛泽东。他认为以毛泽东为首的中国共产党人仅是一些"土地革命者"，而非真正的共产党人。

斯大林说："中国革命的全部进程，它的性质、它的前途都毫无疑问地说明中国共产党应当留在国民党内，并且在那里加强自己的工作。"

苏联支持国民党，仅1925年一次运到广州的军火就价值56.4万卢布；1926年又将各种军火分四批运到广州……同样，他们对冯玉祥也大加援助，据冯玉祥回忆，苏联提供的不光有3,000余万巨款，还有步、骑、炮、工各项专门军事顾问。

相形之下，苏俄及共产国际对中国共产党的援助就十分有限了。据陈独秀1922年6月30日致共产国际的报告，从1921年10月起至1922年6月，共收入国际协款16,655元，因党员人数不多，全党保持人均年支出40至50元的比例。随着1925年以后党员人数大幅度增长，国际所提供的费用远远跟不上人员增长速度，全党人均年支出下降到1927年的4元。

那么，定下"联俄、联共、扶助农工"政策的孙中山是怎么看待共产党的呢？

从实质上看，国民党的联共政策是联俄政策不得已的产物。孙中山希望，随着时间的推移，把为数不多的共产党员逐渐消化在国民党内。

"若共产党而有纷乱我党之阴谋，则只有断然绝其提携，而一扫之于民国以外而已。"不注明言者姓名，你敢相信这是孙中山先生说的吗？

国民党的这些底数，当时连共产党人的领袖陈独秀都一无所知。

中国共产党不被看好，其领袖也是如此。

毛泽东长期处于中共中央的边缘。中国共产党从1921年建党，

第三章
星火——共产党人的伟大历史自觉

到1935年遵义会议选择毛泽东，从陈独秀、瞿秋白、向忠发到李立三、王明、博古，经历了多少领导人？

当年毛泽东把队伍拉到井冈山，探索中国革命胜利道路，党表彰他了吗？没有，相反，党处分了他——秋收起义让他打长沙，他却带兵跑到了远离长沙的井冈山，这是严重的右倾逃跑主义错误，因此撤销了他的临时政治局候补委员的职务。消息传到根据地，变成了"开除党籍"，毛泽东很长时间连组织生活都不能参加。毛泽东曾多次被撤职、降职，遭受其他各种处分。

还有朱德。他入党之前当过滇军的旅长，后从四川跑到上海，跟陈独秀总书记提出要入党的申请，把陈独秀吓了一跳。陈独秀把朱德劝走了，跟身边人交代，我们党可不能让军阀参加……

共产党人并非不喜欢城市。打响武装反抗国民党第一枪的八一南昌起义，原定目标是南下广东，二次北伐。

开辟工农武装割据道路的秋收起义，原定目标是会攻长沙。

最先打出苏维埃旗帜的广州起义，则几乎一步不改地走十月革命城市武装暴动之路。

可南昌起义队伍转战到广东，还未立足就被打散了。秋收起义队伍则连个浏阳县城也守不住就被迫后退。广州起义只搞了三天，范围没有超出广州城。

还有惊天地、泣鬼神的二万五千里长征，连"战略转移"也是后来的说法，最初讲的是"突围"，其实当时只是夹缝中求生存。李德也留下一段评论："就当时来说，其实没有一个人哪怕只是在梦中想到过,要北上抗日。虽然抗日是主要的政治口号,但绝不是党和军队领导者的军事计划。"当时又有多少人能够知道,长征成了史诗般的存在?

南昌起义22,500人,两个月后剩800人。三河坝分兵,主力部队南下作战时,汤坑一战全军覆没,领导人分兵突围,周恩来、聂荣臻去了香港,贺龙回了湖南,刘伯承去了上海。朱德则率部分兵力留守当地阻敌。1927年10月底,行至江西安远天心圩,二十五师师长、党代表、七十三团、七十四团、七十五团,一个师长、三个团长、尽数党代表全部走光,师长、团长均逃走,各营连长也都离开,师以上军事干部只剩朱德一人,团级政工干部只剩陈毅,团级军事干部只剩王尔琢。面临部队顷刻瓦解、一哄而散之势,朱德发表了铿锵有力、掷地有声的演讲,表现出了坚强的领导能力,力挽狂澜,把胸中的信心与激情像火焰般传播给了剩下的官兵,在部队中树立起了高山一样的信仰。

1955年中国人民解放军授衔,排列十大元帅之首的朱德,十大元帅之三的林彪、之六的陈毅,十大将之首的粟裕,在1927年10月,都站在只剩800人的队伍里面。解放战争期间,国共决战,三大战役中,东北和华北战场,主将林彪指挥了辽沈、平津两大战役;华东战场,陈毅、粟裕指挥了淮海战役。当年南昌起义最后剩下的被认为是"残兵败将"的这800人中又有多少人知道自己是埋葬蒋家王朝的底班人马?

这种对人的考验和检验是空前严酷的。

第三章
星火——共产党人的伟大历史自觉

1928年9月，红五军取消团、连番号，编为五个大队和一个特务队。在三个多月的转战中，部队减员一千余人，张荣生、李力英等骨干牺牲，意志薄弱者或投机者也相继离队或叛变。四团团长陈鹏飞忍受不了艰苦，告辞还家。四大队队长李玉华以打民团为由，拉着全队逃之夭夭。一大队队长雷振辉在彭德怀集合部队讲话时，突然夺过警卫员薛洪全的手枪，瞄准彭德怀就要开枪。千钧一发之际，新党员黄云桥一手扳倒雷振辉，一手拔枪，将雷击毙。彭德怀面不改色，继续讲话。他说，我们起义是为了革命，干革命就不能怕苦、怕流血牺牲，今天谁还想走，可以走。又说，就是剩他彭德怀一个人，爬山越岭也要走到底！

那个时候，彭德怀知道自己要成为新中国的元帅吗？

毛泽东领导秋收起义，20天就剩下1,000人，别说打长沙，连浏阳县城都守不住，于是拉队伍上井冈山。还没上井冈山，毛泽东就把部队编成工农革命军第一军第一师第一团，其实兵力就一个团，军、师都是空架子。就剩这么点人，毛泽东还办教导队，还说"你们要好好学习，你们将来都要干大事"。这就是共产党的抱负。

哪一个农民起义队伍办学校？陈胜、吴广办学校吗？黄巢办学校吗？李自成、太平天国运动，谁办学校？都不办的，农民起义是走到哪儿打到哪儿杀到哪儿。唯有共产党，起义队伍就剩1,000人了，毛泽东还要办学校，要培养人才。

在井冈山龙江书院，毛泽东创办了工农革命军第一军第一师第一团教导队，史称井冈山军官教导队，这支教导队就成了今天中国人民解放军国防大学的前身。我们国防大学前身可追溯到抗日军政大学，再往前延伸到红军大学，再往前延伸，就是1927年11月工农革命军第一军第一师第一团教导队。

从教导队到中国人民解放军国防大学，当年谁能想到？

从可知到未知的距离，没有红地毯，没有人剪彩喝彩，有的是不尽的流血牺牲和叛卖，有的是万水千山的阻隔和枪林弹雨的屏障。

挫折与转折：红军在斗争中涅槃重生

1928年4月，朱德、毛泽东井冈山会师时，心情兴奋的毛泽东特地换下穿惯的长布衫，找人连夜赶做灰布军装，只为能够穿戴整齐，会见大名鼎鼎的朱德。4月28日，根据湘南特委的决定，建立了工农革命军第四军；5月底，根据中央的要求，改为工农红军第四军。这是朱、毛会师的重大成果。

红四军的组成：第二十八团，南昌起义的部队；第二十九团，湘南起义的农军；第三十一团，秋收起义的部队；第三十二团，井冈山原来王佐、袁文才的部队；第三十团、第三十三团，也是湘南的农军。其中主要的力量是第二十八团和第三十一团，也就是南昌起义和秋收起义的两支队伍；第二十九团、第三十团和第三十三团在8月失败以后溃散了；第三十二团在井冈山根据地丢失的时候也基本上损失了。所以，第二十八团和第三十一团成为共产党武装力量的家底。南昌起义部队的领导人朱德、秋收起义部队的领导人毛泽东，成为中国共产党领导军事力量中两个不可替代的关键人物。

新中国成立后，国务院副总理、参加过秋收起义的谭震林回忆说，假若朱老总不能把南昌起义队伍拉上井冈山，而井冈山只有秋收暴动这一点力量，很难维持下去。秋收暴动的主力，是湖南的农军、浏阳的学生、安源的矿工，战斗力弱。部队上了井冈山，与井冈山袁文才、王佐的部队会师，战斗力依然不强。朱老总率领的南昌起义部队到了，军官多为黄埔军校毕业，士兵则是清一色的北伐铁军，井冈山由此战斗力大增。

但井冈山会师不是皆大欢喜，更多的是矛盾重重。这就是所谓的"朱、毛之争"，也是"前委、军委之争"。

后来有人评论说，朱德跟毛泽东有什么可争的？持这种说法的人基本不知晓朱德的历史地位。当时不叫"毛、朱红军"，而是"朱、毛红军"，朱排在前，毛排在后，因为朱德掌握着红军最主要的战斗力量——第二十八团——南昌起义部队，这支部队毛泽东当时难以插足。

当时直接领导红四军的有党的三个组织：第一个是湖南省委前委，书记是毛泽东；第二个是湘赣边界特委，书记是毛泽东；第三个就是红四军军委，毛泽东、朱德、陈毅都当过书记。根据1928年6月的中央来信，指示红四军的前委要组织军事委员会，即军委，以朱德为书记，陈毅为士兵委员会的秘书长。后来的前委、军委之争就此开始。

由毛泽东领导秋收起义队伍编成的第三十一团和由朱德领导南昌起义队伍编成的第二十八团有何不同？

秋收起义的部队经过"三湾改编"，确立了"支部建在连上"

第三章
星火——共产党人的伟大历史自觉

的原则,而南昌起义的部队只在团一级设立了党代表。也就是说,在党的领导的绝对化方面,秋收起义部队强于南昌起义部队。

南昌起义的第二十八团一些铁军老兵打仗不错,但长久脱离生产、脱离群众,加上对"打土豪、分浮财""共产"的误解,把战场纪律、群众纪律变成了耳边风。南昌起义的"铁军"瞧不起秋收起义的"农军",嫌他们土气,不正规,打不了硬仗。秋收起义的"农军"看不惯南昌起义的"铁军",认为其中有军阀作风等。南昌起义的"铁军"打的胜仗多,人多枪好,但不愿把枪支拿出来支援"农军"。秋收起义部队占据乡村,收入多,财政状况比较好,也不愿意拿出来资助"铁军"。这是两支基本力量之间一直存在的问题。

谭震林回忆说,当时朱德到第三十一团讲话不大受欢迎,毛泽东也轻易不到第二十八团去讲话。

其实,朱、毛会师后形成一体化的坚强红军力量,那是古田会议以后的事。古田会议以前,南昌起义部队和秋收起义部队在管理和作风上差别明显。因此,这两支部队走到一起,最初的争论和斗争是难以避免的。斗争的起因,由柏露会议开始。

当时,蒋介石发动第三次"围剿",调集了3万多兵力,给井冈山带来了巨大压力。这时候,朱、毛发生了分歧。毛泽东认为要坚守井冈山,井冈山地势险峻,易守难攻,敌来则集中对付敌人,敌去则分兵发动群众,根据地的扩大应采取"波浪式"发展,但一定不要放弃它。朱德则认为不行,要跳到外线打游击,放弃井冈山。朱德认为,井冈山东、西被湘江、赣江夹住,无法徒涉,南、北也难以发展，缺乏足够的回旋余地，红军应出远道打游击，光守井冈山守不住。毛泽东认为朱德是"游击主义"，朱德认为毛泽东是"保守主义"。后来毛泽东被迫同意了朱德的意见，出击赣南。之后他才发现，赣南、闽西空间很大，原来的井冈山地域发展空间确实有限，最后以瑞金为核心的中央苏区就定在了赣南、闽西。

当时，刚刚下山的红四军非常困难，前有堵截，后有追兵，连续打败仗。加上沿途都是无共产党组织、无革命群众的地方，红军处境十分被动。部队在给养、宿营方面面临很多困难，大家觉得第二十八团、第三十一团不能合在一起，想分兵，由朱德带一部分力量，毛泽东带一部分力量，各干各的。这就是所谓集权、分权之争。集权、分权之争，就是由分兵开始的。后来的罗福嶂会议有一个重要话题就是"分兵"。

在罗福嶂会议前，红四军部队进行了改编，这次改编就是为分兵做的组织准备。部队改编为两个纵队：一纵队由第二十八团、特务营合编，党代表为陈毅，纵队长为林彪；二纵队由第三十一团编成，党代表为蔡协民，纵队长为伍中豪。

当时，毛泽东坚决反对分兵，他认为，只有整个红军主力在一起行动，才不易被敌人各个击破。所以，在1929年2月3日召开的罗福嶂前委会议上，朱、毛发生了激烈的争论，毛泽东坚决压下分兵意见，决定不讨论这个问题，引发了大多数人的不满。最后，毛泽东在罗福嶂会议上以前委的名义提出，朱德任书记的军委暂停办公，军委机关改编为政治部，毛泽东兼任政治部主任，这实际上就

第三章
星火——共产党人的伟大历史自觉

使朱德失去了决策权。这个决定后来被一些人说成是毛泽东集权,既担任前委书记,又担任党代表,还兼任政治部主任,大权独揽,也为以后更激烈的争论埋下了"根"。

取消军委后,最初一段时间红军发展得还是很顺利的,没有了前委、军委的相互掣肘,毛泽东指挥战斗得心应手。当时打得很顺,歼灭了敌人两个团,是红军下井冈山以来第一次打胜仗。正当红军局面有所好转之时,中央的"二月来信"也到了前线。

中央"二月来信"是考虑到前期毛泽东、朱德反映的红四军离开井冈山后极为困难的实际情况,在听取了共产国际的意见后提出的,要求朱、毛毅然脱离部队,速来中央,让红军留在原地分散打游击,因为朱、毛在一起目标太大。毛泽东以前委的名义复信中央,批评"二月来信"对客观形势和主观力量的估计过于悲观,是不切实际的想法。朱德虽也不同意"二月来信"的观点,但认为毛泽东不应批评中央。两人的意见大体是一致的,但表达的方式不同。当时,毛泽东是下级,上海的中央是上级,毛泽东写信批评中央,就留下了后来被人指责"不服从中央领导,直接写信与中央决策对抗"的话柄。红四军中一些主张分兵游击的人,就以此事为由,讲毛泽东不服从中央、大权独揽,再次要求红四军分兵游击。应该说,中央的"二月来信"不仅没有调和朱、毛之间的矛盾,反而使矛盾扩大化了。

正在矛盾扩大的时候,又来了一个关键性人物——刘安恭。刘安恭来以前,朱、毛之争还只停留在口头交锋,即便在毛泽东采取组织措施撤销军委时，朱德也没有提出过任何实质性意见。刘安恭一来，却挑起了很多事情。

刘安恭早年留学德国，参加过南昌起义，又到苏联学习军事，后来因为"托派"嫌疑而被苏方遣回，上海的中央也因为他有"托派"嫌疑而把他放到了苏区。消息闭塞的苏区同志不了解背景，还以为他是中央派来的"大员"，所以红四军内部争论双方都想争取他的支持。在前委扩大会议上，毛泽东首先建议成立红四军临时军委，刘安恭被任命为军委临时书记兼政治部主任——军委是毛泽东提议撤销的，现在他又提议要恢复。但让毛泽东没有想到的是，刘安恭是支持朱德的，不仅因为他们是四川老乡又曾一同留学德国，还因为刘安恭并不认同毛泽东的一些做法和观点。在一次前委会上，刘安恭说红四军的规章制度在马克思列宁主义经典著作里都没有记载，"一个字也对不上号，都是你们自己搞的，不合规范，土里土气，农民意识太强，应该统统废除"。毛泽东忍不住回应："脑袋长在自己肩上，文章要靠自己作，苏联红军的经验要学习，但这种学习不是盲目的，要同中国革命的实际相结合。"毛泽东历来主张这一点。刘安恭听了很不高兴，打断毛泽东的话说："你对马克思列宁主义缺乏信仰，马克思列宁著作就是要句句照办，你这里老改，改马克思列宁的话不行。"

本来朱、毛之间的斗争温度不是很高，但被刘安恭这么一挑，斗争加剧了。

1929年5月23日，朱德、刘安恭两人联手上报给中央的红军

第三章
星火——共产党人的伟大历史自觉

第四军报告,没有让前委书记毛泽东署名。6月18日,红四军小池作战会议研究部署"三打龙岩",竟然也没有通知毛泽东参加,但通知了政治部副主任谭震林。由此可见,刘安恭来了以后,文件不让毛泽东联署了,开会不让毛泽东参加了,这种组织隔离的措施必然使毛泽东产生"枪要指挥党"的危机感,直接导致党内的斗争进一步升温。

其间,湖雷会议召开,对党的工作范围发生了激烈的争论,焦点集中在前委是否管得太宽,权力太过集中,包办了下级党部的工作,代替了群众工作,前委是不是书记专政,有无家长倾向。会议要求限制前委权力的意见,得到了多数人的附和。毛泽东只获得林彪、谭震林、江华、蔡协民等少数人的支持,连参加秋收起义的许多干部都没有支持毛泽东。毛泽东带的第三十一团的很多干部也觉得毛泽东权力太大。由此,他当时的处境空前困难和孤立。

说起当时一些人认为毛泽东专权,有个故事就不得不说——毛泽东当街责骂亲弟弟毛泽覃。毛泽覃讲:"共产党又不是毛氏宗祠。"我们今天有些人讲历史时反对毛泽东,就说,他亲弟弟都说了"共产党又不是毛氏宗祠",可见毛泽东对共产党领导的家长制、封建制。我说,你知道毛泽覃讲这话的具体历史场景吗?毛泽覃为什么讲这句话?

毛泽覃是第三十一团三营党代表,他把猪贩子当土豪打,要没收猪给部队改善生活。毛泽东知道了,非常生气,当街责骂毛泽覃,甚至要动手打他,没打成,被人劝住了。有人圆场:"既然如此，付钱算了。"毛泽东火气不减，一句话把圆场的也顶了回去，引发在场等候吃猪肉改善生活的众多官兵的强烈不满。毛泽覃也发牢骚说"共产党又不是毛氏宗祠"。这就是当时的具体历史场景。毛泽东为什么想打他弟弟？就为这个事情。这同样反映出对建设一支什么样的队伍存在争论。

当时，湖雷会议的结果，或者说矛盾爆发的结果，就是导致双方摊牌的白沙会议。毛泽东看到湖雷会议出现了一种非常不正常的现象：下级规定上级的工作范围。他认为不能再这样继续。在白沙会议上，毛泽东正式提出取消临时军委并强烈坚持，刘安恭则坚持要保留。最后表决，以36票对5票的压倒性优势，通过了毛泽东的建议。但取消临时军委以后，刘安恭还在各处活动，仍坚持取消临时军委后前委只管行动问题，不要管其他事。毛泽东感到问题没有解决，矛盾还在继续扩大，他已经无法继续工作，干脆提出辞职，请求让他离开前委，去苏联学习兼休息。

之后，毛泽东和朱德根据前委的要求，各自写了一篇文章进一步表明各自的观点。这两篇文章又被同时刊登在《前委通讯》上，官兵都能读到。就这样，朱、毛矛盾公开了。

在这种情况下，红四军决定召开"七大"以解决矛盾，陈毅主持了这次会议。会议最后的结论是，朱、毛两位同志在之前的争论中都有同等的错误，但毛泽东因负责党代表与书记之工作，对此次争论应负较大的责任。会议最后决定给予毛泽东严重警告处分，给予朱德书面警告。毛、朱虽然被选进前委，但在前委书记选举中，

第三章
星火——共产党人的伟大历史自觉

毛泽东、朱德双双落选，陈毅被选为前委书记。

"七大"开完后，毛泽东病了，到蛟洋养病去了。随行的江华回忆说："那时我们一行人真有些灰溜溜的样子。"陈毅到上海汇报工作。朱德临时代理前委书记。但红四军中没有了毛泽东的所谓的"专断、一言堂、家长制"，前委会开成了民主会，很快变成了纵队长联席会议。各纵队长为各自的观点、各自的发展方向、各自的利益争来吵去，大民主、小民主十分热闹，工作根本无法进行。

朱德忠厚，没有私心，在觉得搞不下去时，与部分代表联名写信，请毛泽东回来主持工作。毛泽东没有回来。

此时陈毅在上海向中央报告红四军的历史和党内争论，鉴于陈毅反映的问题极为重要，中央政治局决定成立以周恩来、李立三、陈毅组成的三人委员会。周恩来负责召集，专门讨论研究解决红四军内部的矛盾和红四军的发展方向问题。

就在古田会议之前，红四军"七大"之后，周恩来进入解决红四军存在的矛盾。周恩来的加入，起到了不同寻常的作用。此时的周恩来就代表中央，是中央主要领导者——中央组织部部长、中央军事部部长。

周恩来与陈毅的关系非同一般，与朱德的关系更不一般，周恩来是朱德的入党介绍人。但周恩来没有从个人关系或个人好恶出发，全是凭共产党人的原则性。他指出，实践证明毛泽东那一套是对的，军队只有集权才能夺取胜利。所以，在关于红四军的争论中，最后形成的中央"九月来信"，就是周恩来多次与陈毅谈话的结果，他通过做陈毅的工作，把陈毅的思想转了过来。最后陈毅按照周恩来的精神起草了中央"九月来信"。

周恩来让陈毅回去后坚决请回毛泽东。他说："一个党、一支军队需要有一个核心人物，红四军中毛泽东是最好的人选。"

陈毅专门写信，并与朱德向毛泽东做了自我批评，毛泽东也承认自己说了一些伤害感情的话，请朱德、陈毅多多包涵。三位领导人的手再次紧紧地握在了一起。

而此时，作为二纵队司令的刘安恭已经壮烈牺牲了——在一次战斗中被子弹击中了头部。刘安恭虽然有错误、有缺点，但他也是个实心实意投身革命的忠诚的共产党人。

1929年12月28日，古田会议召开，这就是红四军"九大"。会上，毛泽东再度当选为前委书记。

整个红四军的争论过程，最直接的参与者是毛泽东、朱德，然后是支持朱德的陈毅、把局面搅乱的刘安恭，以及中共中央的主要领导人周恩来。今天看，他们都是领袖，地位崇高。其实，设身处地想一想，那时的他们都是一伙年轻人。当年，毛泽东36岁，朱德岁数大一些，43岁，周恩来31岁，陈毅28岁，刘安恭30岁。在这一进程中，他们都是杰出的、勇敢的探索者。

共产党的力量是斗争的力量，通过斗争而不是通过调和、妥协，发现正确的道路、正确的方法、正确的策略。他们不是个人权力之争，而是要争出一条正确的路线、正确的革命途径来。现在来看，没有朱、毛之争，没有前委、军委之争，就没有古田会议。没

第三章
星火——共产党人的伟大历史自觉

有古田会议，我们"思想建党，政治建军"这样一个基础理论就难以得出。这是古田会议的最大成果。

古田会议是工农红军发展的转折点，也是中国共产党人夺取胜利的起点。

在红军创建初期，存在农村的乡土观念、宗族观念、排外观念、享乐观念等问题，严重影响了党对红军队伍的领导，产生了诸多有悖革命宗旨的倾向。朱、毛会师组成红四军，第二十八团想去赣南，因为赣南人多；第二十九团想去湘南，也想回家；第三十一团想去浏阳平江，就因为家乡在那里。湘赣边界的同志主张就在边界打游击，谁都不愿到远离家乡的地方去打仗，这是这支在落后地区建立的队伍的难处。这一倾向不但导致红军部队指挥调动困难——离开家乡就不行，而且导致部队成建制溃散。第二十九团在返乡过程中，枪杆上挂着、腰里别着的许多是带给老婆娃娃的物件，最后全团溃散。闽西红七军十九师，就是因为不愿离家乡太久，不想去远处打仗，最终队伍不得不全师散掉。这是在落后地区组建的力量所面临的严重问题。

组织纪律观念淡薄，长期的小农经济生产生活，导致农民队伍很难适应严格的组织严密的纪律。队伍刚刚组织起来，很快就要散掉。今天五十人，明天是否还有五十人还是个问题，来来去去十分自由。浴血奋战打下汀州时，士兵见稻谷正值成熟，又纷纷脱离队伍回家割稻，城防无人顾及，城市得而复失。这种现象，是农民起义队伍中的典型现象。

工农红军并不具有天然先进性，不是军装一穿、红领章一挂、共产党一加入，就是先进分子了。

古田会议改变了这一切：第一，指出中国的红军是一个执行革命的政治任务的武装集团，规定了红军的无产阶级性质和全心全意为人民服务的根本宗旨。第二，提出党的领导机关是领导中枢，确立了中国共产党对军队实行绝对领导的原则。毛泽东一开始提出了绝对领导，目的是什么呢？就是由少数先进分子完成对大多数人的改造。第三，提出红军党内最迫切的问题要算是教育问题，探索了克服各种非无产阶级的思想的方法和途径。第四，增强了党内生活的政治性、原则性、战斗性。

古田会议所有成就最终体现在人身上，这样一个领袖集团、这样一个指挥班子、这样一支队伍，锻炼出来了。这次会议完成了对一个传统的农民军队的改造，使中国共产党领导的土地革命和这支武装没有成为"石达开第二"，没有成为"李自成第二"。这支军队一扫旧军队的残余，一扫农民起义队伍的缺点，锻造出了一支全新的武装力量。

古田会议于1929年12月29日结束。1930年1月3日，毛泽东提出"星星之火，可以燎原"。古田会议之前，毛泽东不敢提星火燎原，古田会议之后，还是这批人，还是这支队伍，可以提了，有了正确的思想路线、组织路线，能够胜利了，星星之火可以燎原了。

神话与史话：从惨败走向胜利

中国共产党人的伟大与非凡，毛泽东作为这个党的领袖的伟大与非凡，并不在于是否能够发出神一般的预言，而在于始终保持一种珍贵的历史自觉，既能对历史运行规律进行深刻领悟，又能对社会发展前景主动营造，既能够迅速修正自己的失误，又能迅速采纳别人的正确意见，自觉把实事求是作为共产党人最富生机和最为鲜活的灵魂，从而掌握了战无不胜的精神力量和精神武器。

当年，因为占领城市的失败，红色根据地和农村革命政权才得以广泛建立，不但在政治上开辟了中国共产党人自己独特的理论领域，在军事上建立了中国共产党人自己的武装力量——工农红军，在经济上也摆脱了对共产国际的依赖。"打土豪、分田地"，既是红色政权政治动员的基础，也是中国共产党人经济独立的基础。

1931年之后，党中央财政主要靠苏区的税收和战争中收缴的浮财，其中主要又是依靠毛泽东领导的中央苏区。鄂豫皖苏区上缴得相对要少些，湘鄂西则更少，赣东北、甘陕川边等苏区几乎无上缴。

在中国共产党人最为困难的土地革命时期,"砍头不要紧,只要主义真",人人皆知,人人敬佩;苏区根据地派人一趟一趟给上海的党中央送黄金,不也应该人人皆知,人人敬佩吗?再比起1921年包惠僧南下广州向陈独秀汇报工作时,连5元的路费都拿不出来的情况,更觉可贵。

中国革命有一个独特现象,那就是,红色首脑最先在先进发达的上海租界建立,红色政权却最终在贫困落后的山区边区扎根。

不集中在最现代化的大城市,中国共产党就不可能获得先进的思想体系,不会获得后来众多的领导精英;不分散到最贫困落后的山区边区,红色武装便没有充足的给养和坚忍顽强的战士,中国共产党也就失去了立足的根基。

如果共产党人没有自己的军队,没有自己的政权,不创造出巩固的根据地,不开辟出独立的经费来源,与共产国际和苏联的依存关系便无法根本改变。

不走毛泽东开辟的武装斗争、农村包围城市之路,中国革命不仅不能独立于敌人,也不能独立于友人。中国共产党人,也就是在这个基础之上,真正成为一支独立的政治力量:自己决定自己的领袖,自己选择自己的道路,自己制定自己的政策。

以毛泽东为主要代表的中国共产党人的最大历史自觉,就是从来不将马克思主义绝对化,也从来不将自身经验绝对化,而是立足中国大地,根据中国的实际,用中国的办法解决中国的问题。这是这个党能够克服种种艰难险阻,取得种种成功的最大优势所在。在

第三章
星火——共产党人的伟大历史自觉

这一基础上,才真正探索出一条符合中国实际的革命道路。

仅此一点,毛泽东就功在千秋。

中国革命中最惊心动魄的搏击,莫过于蒋介石发动的"围剿"与毛泽东组织的反"围剿"。

1927年四一二反革命政变之后,蒋介石没有想到对付共产党人还需要"围剿",而且是一而再、再而三、三而四、四而五地"围剿"。第四次"围剿"失败后,国民党人虽然不情愿,但也不得不开始直面星火燎原的中国革命局面,所以第五次"围剿"便倾全国之兵。各地除留守部队外,凡能机动的部队都调来了,嫡系部队更是倾巢而出。堡垒封锁,公路切割。远探密垒,薄守后援。层层巩固,节节进逼。对峙则守,得隙则攻。

蒋介石眼看得手,将红军压向一块狭小地域围而歼之了,共产党人又开始了长征。一条红色铁流,蜿蜒逶迤二万五千里,任围追堵截,始终不灭。

中共党史上最为重要的一步,莫过于出发长征。中国共产党人和中国工农红军最深重的苦难与最耀眼的辉煌,皆出自于此。

被誉为里程碑的遵义会议,也是长征路上的里程碑,是长征的产物。四渡赤水、突破金沙江、强渡大渡河、爬雪山、过草地,这些史诗般的壮举皆是长征一步一步的过程。甚至震惊中外的西安事变,很大程度上也是红军长征的结果。

站在今天,我们不敢想象没有毛泽东的长征会怎样。但毛泽东一开始是不想参加长征的。当然,那时"长征"还被称为"突围"。

当时,面对第五次"围剿"的凶猛之势,中共苏区进行战略转移已成定局。中央书记处会议决定由博古、李德、周恩来组成"三人团",总揽一切指挥大权,负责筹划秘密且重大的转移工作。政治、军事由博古、李德分别做主,周恩来负责具体计划的组织实行。"三人团"就红军突围紧张筹划且激烈争论之时,长征开始之前,在核心圈子之外的毛泽东,每天天不亮就在会昌城外爬山,并写了《清平乐·会昌》一首:"东方欲晓,莫道君行早。踏遍青山人未老,风景这边独好。会昌城外高峰,颠连直接东溟。战士指看南粤,更加郁郁葱葱。"1958年,他对这首词作批注:"1934年,形势危急,准备长征,心情又是郁闷的。"

当时郁闷的毛泽东给"三人团"写了一封信,要求带一军团和九军团的部分官兵留在苏区打游击,请中央批准,随后再以崭新的面貌迎接中央回苏区。

看完信,博古找周恩来商量。周恩来坚决不同意。第二天一早,周恩来带上警卫员,冒着小雨,披上蓑衣,骑马去于都找毛泽东谈。第三天,周恩来回到瑞金,只对博古说了一句话:"他同意随队转移了。"

至于与毛泽东都谈了些什么,周恩来未对博古说。

随去的警卫员回忆,两人在于都城北外毛泽东住地一直谈到深夜。警卫员送水都不被准许留在屋里。

这同样是决定中央红军命运的一个深夜。

第三章
星火——共产党人的伟大历史自觉

如果毛泽东不参加后来演变成长征的突围，中央红军的命运将会怎样？如果毛泽东留在苏区坚持斗争，在那种空前严峻的恐怖情况下，毛泽东的命运又会怎样？

正是从这个意义上说，周恩来说服毛泽东随队长征，对中国革命的贡献极其重大，怎么说都不为过。

真实的历史充满偶然。中国共产党人的生命力，就是通过一个个优秀党人，把这些偶然变成了历史的必然。

历史的前进极其艰难曲折。

1934年10月10日，中共中央和中革军委从瑞金出发，率领主力红军五个军团和中央、军委机关直属部队编成的两个纵队，开始向湘西突围，即后来所说的战略转移。谁也不知道一旦迈出第一步，就要走上二万五千里。

中国工农红军万里长征的开始，并最后得以存活和发展，就是充分利用了"白色政权之间的战争"——蒋介石与广东军阀陈济棠、广西军阀白崇禧、湖南军阀何键、贵州军阀王家烈、云南军阀龙云和四川军阀刘湘之间错综复杂的矛盾。

长征开始后通过前三道封锁线就是红军与陈济棠达成的秘密协议，第四道封锁线湘江之战，红军打得非常惨烈，损失过半。后来，我们很多著作中描绘了敌人如何凶残、我军如何英勇，当然这些都是客观情况，但是还有另外一个更重要的、隐蔽在历史帷幕后面的客观情况，就是错综复杂的军阀之间的矛盾，使得敌方无法真正有效地完成湘江防御。

本身红军过湘江是非常困难的，到达湘江前，广西白崇禧的军队由南向北，湖南何键的军队由北向南，已经把湘江完全封死。按常理，红军不可能通过这样的封锁线。可是在红军大队人马到湘江之前，白崇禧突然调整战线，把封锁湘江的桂系军队的南北战线陡然调整为东西战线。他这一调整，湘江一下闪开了一个百余里的缺口。

白崇禧为什么突然做出这个调整？在桂系高级军官会议上讲话时，白崇禧说："老蒋恨我们比恨朱、毛更甚，如果把湘江完全堵住，红军过不了湘江，必然掉头南下进入我广西，红军进入广西，中央军就要跟进广西，中央军在解决红军的同时把我桂系也就解决了。不如留着朱、毛，我们战略回旋余地还大些，我们现在是既要防红军，更要防中央军。"

白崇禧这段话不但看出来此人之精明，更在印证毛泽东的伟大——1928年毛泽东写的《中国的红色政权为什么能够存在？》，通过深刻剖析白色政权之间的战争，就已经预言到了中国这种奇特现象的存在。这种现象的存在，成为中国共产党人能够在夹缝中求生存、谋发展、夺胜利的关键。

立足于中国大地的中国共产党人的生命力，在这里表现得淋漓尽致。

即便如此，突破四道封锁线也绝不是一次浪漫的行军。

红军过湘江还是蒙受了重大损失。

20世纪80年代，我在国防大学图书馆采编室当资料员，接

第三章
星火——共产党人的伟大历史自觉

待过刘忠将军。他步履蹒跚送来一本回忆录——《从闽西到京西》，书中记录了长征途中最为惨烈的湘江之战中的若干细节和历史缺憾。

本来，他的举措应该能使红军避免重大牺牲的，然而还是功亏一篑。

湘江之战，中央红军损失重大：红八军团番号撤销，军团政治部主任罗荣桓冒着弹雨蹚过湘江时，身边只剩下一个扛油印机的油印员。红五军团三十四师、红三军团六师十八团被隔在河东，全部损失。中央苏区著名的"少共国际师"（红军长征途中，由平均年龄18岁的年轻人组成的部队，归红一方面军直接指挥）基本失去战斗力。红军队伍从江西出发时的86,000余人锐减为30,000人。

当时，走在中央红军最前面的一军团侦察科长刘忠，率领军团便衣侦察队首先渡过湘江，发现全州城是空城。而谁先抢占全州，谁就在湘江之战中居于有利地位。

刘忠立即建议跟在后面的一军团二师五团从速过江，占领全州。

刘忠曾在五团当过政委，这是一支能打的部队，反"围剿"作战中曾荣获中央革命军事委员会授予的"模范红五团"称号。但现任团长陈正湘做不了主。而当时率领五团的二师参谋长李棠萼，觉得要听指挥部命令，须先向军团首长报告。

行军作战要求"兵贵神速"，也要求"一切行动听指挥"。到底怎么把握，全在指挥员自身。可以想象，当刘忠写到这一幕时，心中那种半个多世纪也无法湮没的感慨：

> 二师李棠萼参谋长率五团已进到界首村停下，未渡湘江。我向他面告，全州城无国民党正规军，建议五团速渡湘江，进占全州城。李棠萼犹豫不决，说须电报军团批准才过湘江，占全州。我再次建议机不可失，进全州城后再电报军团首长，他不同意，于是立即电告军团。军团首长下午2时回电：渡过湘江，进占全州。

但为时已晚，军机稍纵即逝：湘军前卫已经进城，正在城外占领阵地布置警戒。

从作战层面分析，红军在湘江之战中损失巨大。中央纵队过于笨重缓慢，未能有效利用湘江缺口是其一。一军团二师五团未能坚决抢占全州，也是其一。

后来湘军刘建绪部就是利用全州这个前进基地，向坚守渡口的一军团阵地发起猛烈攻击，激战中甚至冲到了军团指挥所。军长林彪、政委聂荣臻、参谋长左权都拔出手枪参战，指挥所变成战斗最前沿，军团指挥员变成普通战斗员。

如果当时按照刘忠的建议，果断占领全州再行报告，一军团也不致落到如此险境。林彪、聂荣臻也不会向中革军委发出那封让周恩来、朱德备感紧张的急电："如敌人明日以优势猛进，我军在目前训练装备状况下，难有占领固守的绝对把握。军委须将湘水

第三章
星火——共产党人的伟大历史自觉

以东各军,星夜兼程过河。"从而出现中央红军长征以来最为惊险的一幕。

了解这些,我们才能明白为什么半个多世纪过去了,提及当年李棠萼贻误战机、失去控制全州的机会,刘忠依然耿耿于怀。令他动情的不仅仅是个人失误,更是这一失误背后付出了多少战友的鲜血和生命的代价……

1935年1月,当长征队伍一步步深入西南腹地,逼近遵义的时候,中国共产党的领袖们知道他们正在接近最终使他们从失败走向胜利的转折点吗?

第五次反"围剿"的失败使中央红军不得不放弃根据地突围西征,湘江之战又折损过半,当时需要检讨为什么失败了。为什么前四次反"围剿"胜利了,而第五次反"围剿"失败了?为什么在湘江遭到这么重大的损失?长征之前形成的"三人团"即博古、李德、周恩来,要通过遵义会议检讨湘江作战的损失。

这时候又形成了"新三人团",即毛泽东、张闻天、王稼祥。他们也要通过遵义会议检讨湘江作战的失败,并把它扩大到检讨第五次反"围剿"的失败。这最终导致要求红军指挥层发生更迭。

1月17日遵义会议结束时,毛泽东还只是政治局五常委之一,按照张闻天、周恩来、毛泽东、博古、陈云的顺序,毛泽东排名第三。1月18日,政治局会议常委分工时,决定"以泽东同志为恩来同志的军事指挥上的帮助者",至此毛泽东才回到军队领导岗位。

最高军事首长仍然是朱、周,而"恩来同志是党内委托的对于指挥军事上下最后决心的负责者"。

之后,红军对川军发起土城战役,作战失利,被迫一渡赤水。二渡赤水获得遵义战役的胜利,不是毛泽东指挥的,是一、三军团,林彪和彭德怀自动配合打的。他们本来想打个小仗,却滚雪球一样把对方一个师给吃掉了,突然变成了一个漂亮的大仗,这是长征以来最大的胜利。

三渡赤水前,毛泽东鉴于二渡赤水的胜利,主张打周浑元部。林彪反对,认为不能打,周浑元是中央军,不好打。林彪主张打贵州军阀王家烈的军队。在苟坝召开的军事会议上争论激烈,毛泽东很火,说,不按照他说的做,他就不干了。当时党内军内民主气氛浓,说不干就不干,举手表决!结果一表决,毛泽东得票少,把指挥权给表决掉了。许多人认为毛泽东从遵义会议开始奠定了军事指挥权,后面都是一马平川。事实上没有那么容易,在三渡赤水之前,遵义会议获得的指挥权,在苟坝会议上被表决掉了。当晚毛泽东想了许久,提着一盏马灯去找周恩来。当时周恩来是党内军事最后下决心者和最高军事指挥者。毛泽东说服了周恩来,周恩来最后下指示:表决作废,毛泽东依然是前敌指挥,部队依照毛泽东的意见,打周浑元部。但是这次一打,又打败了,红军被迫三渡赤水,后来四渡赤水。

人们常说从胜利走向胜利,其实不是那么回事。这就是我们胜利的过程。我们不是选了一尊神,跟着他就必然胜利,我们选择的

第三章
星火——共产党人的伟大历史自觉

也是一个人,他也出问题,也出错,但能及时发现错误,迅速改正错误。

对中国革命来说,每一次失败,都蕴涵着成功;每一次成功,又都潜伏着失败。遵义会议后刚刚进入领导核心,毛泽东就碰到土城战役的失败;二渡赤水后,成立"新三人团"刚刚确立毛泽东的实际领导地位,又来了一个鲁班场作战失利。

正是这些失败,使作为中国革命领导人的毛泽东能越来越踩实脚下的土地,使他的思想越来越接近实际。

三渡赤水前,毛泽东听取了一军团林彪、聂荣臻,三军团彭德怀、杨尚昆,五军团董振堂等各个军团首长的意见,调整方略。恰逢那个时候,军委二局破译了国民党电报的密码,也掌握了敌人调动的动向。一方面听取前方指挥员的意见,另一方面连连截获国民党的情报,三渡、四渡赤水出奇兵,最后把国民党军队甩掉了。

四渡赤水不是一个出神入化、闲庭信步、游刃有余的行动,而是一次次面临绝境,陷入困境危局,一次次从危境中解脱,获得新胜利的过程。

连最富忍耐力的周恩来后来也说:"从那个时候一直到渡金沙江,从一月、二月出发,到了五月,这是相当艰难困苦的一个时期。"

连以宽容大度著称的总司令朱德在四渡赤水期间也两次大发其火。一次是一渡赤水前的土城战斗,朱德亲上前线督战,见部队疲惫不堪的样子，对躺在担架上指挥的三军团四师政委黄克诚发了火。另一次是四渡赤水后南渡乌江，干部团奉命拆掉浮桥，但九军团还未过江，朱德知道后对干部团的陈赓、宋任穷发了很大的火。宋任穷回忆说："我从来没有见过总司令发脾气，这次发怒是我见到的唯一的一次。"

客观上说，红军到川、滇、黔以后，在江西苏区与敌军相比明显占优的山地机动能力也不明显了。就连最弱的黔军也有极强的山地行动能力，使其同样具有行动飘忽的特点，并非不堪一击。

即使是二渡赤水的遵义大捷也使红军付出了很大代价。遵义战役后彭德怀给军委的报告中说，红三军团现在只有一个团能维持原编制，每连也只有五六十人，其余三个团，每连只能编四五个班。可见部队损失之大。

况且，红军作战，人生地不熟，没有根据地，没有老百姓给提供消息，提供粮食。在赤水河连续四次走"之"字形路线，大家的耐受力都达到了极限。

在这段极其艰难的时期，毛泽东表现出来的大勇大智，就是果断地面对困难、挫折和失误，迅速修正主观设想，投入客观实践。

中国工农红军的胜利，绝不是历史用托盘端上来的一份幸运礼物。若把四渡赤水看成一场出神入化的神机妙算和从容不迫的便携行军，糟蹋的是我们自己那部艰难曲折的奋斗史。

即使过去了多年，今天人们参观泸定桥，驻足桥头，看着那13根铁索，依然能感觉到"大渡桥横铁索寒"的惊心动魄。而另一处

第三章
星火——共产党人的伟大历史自觉

天险"腊子口",山口仅宽30余米,两边全是悬崖陡壁,周围尽为崇山峻岭,除此便无路可走。

当时担任主攻的是红一军团二师四团,团长黄开湘。他当年34岁,是中央红军中一员猛将,在艰难曲折的长征途中,一路先锋一路烈火,飞夺泸定桥的是他,强攻腊子口的也是他。

当年,黄开湘亲率两个连,从右侧攀登悬崖峭壁,向敌后迂回。黑夜中正面拼杀正酣,一颗白色信号弹腾空而起,黄开湘迂回成功!三颗信号弹又腾空而起,红军部队发起总攻。

第二天,彭德怀经过战场,见50米一段的崖路上手榴弹弹片铺了满满一层,有的地方还厚厚地堆了起来,连这位久经沙场的红军宿将也连声感叹:"不知昨天我第一军团这些英雄怎样爬上这些悬崖峭壁投掷手榴弹的!"

此时,离黄开湘告别这个世界,只剩下短短两个月。没有纪念碑的他,披着硝烟矗立在那里,钢浇铁铸,像一尊永远不倒的战神。

每每写到这里,我都为这些顶天立地的英雄热泪盈眶。在那支翻越万水千山的队伍中,像胡天陶、黄开湘这样的战将难以计数。他们没有活到胜利的那一天,没有赶上评功、授勋、授衔,没有来得及给自己树碑立传,也没有机会返回家乡光宗耀祖。他们穿着褴褛的军装,带着满身战火硝烟,消失在历史的帷幕后。他们是真正的英雄。

1936年10月，红军三大主力会师，震惊世界的万里长征胜利结束。

红军三大主力会师，蒋介石大受震动。"剿共"近十年不但未能剿灭，反将红色力量都"剿"到了一起。

没有红军二万五千里长征，不会有红军与东北军、西北军组成的"三位一体"。

没有红军与东北军、西北军组成的"三位一体"，不会发生西安事变。

量变堆积历史，质变分割历史。西安事变是中国近代史上的一个质变点。这个质变点最终是由历史所证明的，西安事变的和平解决为抗日民族统一战线的建立准备了必要的前提。由国内战争走向抗日民族战争，国共新的局面由此形成。

回看历史，从1926年的"三二〇"中山舰事件到1927年的四一二反革命政变，蒋介石突然挥刀相向，共产党人尸横遍野，血流成河。仅1927年4月到1928年上半年，死难的共产党员、共青团员、工农群众和其他革命人士，就达33.7万人；至1932年，达100万人以上。1949年新中国成立时，党员440万，牺牲的党员烈士也将近400万。世界上哪个政治团体曾经付出过如此惨重的代价？

可以说，全世界没有一个政党遭受过中共这般炼狱地火似的考验。党内的领导人像被割韭菜一样一茬一茬地被敌人消灭。周恩来曾感慨："敌人可以在三五分钟内消灭我们的领袖，我们却无法在三五年内将他们造就出来。"

第三章
星火——共产党人的伟大历史自觉

今天,在海外的某些媒体上可以看到这样的言论:"中共胜利靠的是投机取巧","耍心眼搞阴谋诡计"。我们不禁要说,请你也要个心眼、走一次这样的艰难历程、承担这样的重大牺牲,胜利一次给我们看看!

第四章 重生——
抗战胜利的能量密码

生死存亡之战，民族重塑之机。近代以来，抗日战争历时最久、规模最大、受损最重、牺牲最烈。英雄战场喋血，民众觉悟唤醒，曾经一盘散沙的中国，终于凝聚成一个坚强的共同体。

19世纪，日本的统治者比中国的道光皇帝预先感到了危机。日本的危机也紧随中国之后。

1837年，幕府统治者德川齐昭发出预言：日本将是西方攻击的第一个目标——中国太大，朝鲜和琉球又太小，对大不列颠的炮舰来说，日本恰好不大不小。

1853年7月8日，美国的东印度舰队司令官佩里率"萨斯克哈那号"、"密西西比号"、"普利茅斯号"和"萨拉托加号"4艘军舰打开了日本国门。

1854年，美国强迫日本签订了第一个不平等条约——《神奈川条约》，规定日本开放下田、函馆为对美通商口岸。

1855年，俄国强迫日本签订了《下田条约》，规定两国在千岛群岛的疆界，并强迫日本开放下田、函馆、长崎三港为对俄通商口岸。

1856年，荷兰强迫日本签署了《和亲条约》，片面规定荷兰的权益和领事裁判权。

1857年和1858年，美国又与日本签订两个所谓的《通商友好条约》，不仅夺得了租界和领事裁判权，而且剥夺了日本的关税自主权。

1860年以后，英国、美国分别强迫日本签订了不平等条约。

1863年至1864年，美、英、法、荷四国组成联合舰队，炮击日本下关，勒索战争赔款，控制日本关税，取得在日本的驻兵权。

日本面临与中国同样的命运。无怪乎东京大学前身"开成所"的教授杉亨二发出与李鸿章相同的声音："人类社会之变动竟有如此之剧烈耶？余为之落胆也！"社会变动太剧烈了，吓破胆啊。于是，日本开始睁眼看世界，开始改革自新，于是就有了1868年的明治维新。

需要说明的是，明治维新比清朝的洋务运动晚了六年。无论明治维新还是洋务运动，都是应对重大变局的重大抉择，但结果有天壤之别，自此，清王朝日益滑向崩溃边缘，日本走向了战争扩张的道路。

战争狂热之背后，苟且退让于当前

与中国一衣带水的日本，既带来了先进思想的源头活水，也带来了侵略战争的滔天祸水。

1960年6月21日，毛泽东和周恩来在上海接见以野间宏为团长的日本文学代表团时，说了这样一句话："马克思主义的传播日本比中国早，马克思主义的著作是从日本得到手的，是从日本的书上学习马克思主义政治经济学的。"

事实确实如此，日本比中国早36年知道了马克思主义。"社会主义""共产主义""共产党""唯物主义""辩证法"等术语，甚至包括"劳工神圣""团结就是力量"等，都是从日本传过来的。

更耐人寻味的是，当大批中国青年志士去日本寻找救国真理之时，日本法西斯理论鼻祖北一辉却在中国上海的亭子间，用清水泡米饭完成了他的法西斯思想代表作《国家改造案原理大纲》。

1926年12月25日，北伐军正在中国大地摧枯拉朽的时候，日本第124代天皇裕仁继位，改元"昭和"。由此，开始了一场以少壮军人为前导、以清除腐败为旗号、将整个日本拖入法西斯深

第四章
重生——抗战胜利的能量密码

渊的"昭和维新"运动，随后形成高潮，得到了日本社会的广泛支持。

这伙少壮军人也是日本的热血青年。他们对日本社会现状充满了批判，他们认为日本社会存在"三贼"：党贼、财贼、权贼。政党行径丑恶，以夺得政权为目的相互倾轧，造成政界和社会纷扰不安，形成党贼；财团贪得无厌，操纵金融与市场，不顾国计民生，形成财贼；政府依靠其权势横征暴敛，贪污腐败，民不聊生，形成权贼。但他们批判的武器不是马克思主义，而是法西斯主义——只有军人奋起，才能打破腐败的政党政治。

自此，日本进入了疯狂的时代——军阀疯狂、媒体疯狂、民众疯狂。首相接连被刺杀，军人跋扈时代来临，举国一致走向法西斯战争。

日本军国主义疯狂的背后还有处心积虑。应该说，日本方面肢解中国、占领中国的计划从来就不是草率和简陋的。从甲午战争前后它在中国做的大量细致的情报工作和在国内完成的周密军事准备上，就可见一斑。

张作霖就是活脱儿的例证。

"东北王"张作霖与日本首相田中义一关系甚深。

1904年日俄战争期间，马贼张作霖被日军捕获，罪名是"俄国间谍"。在张作霖被枪毙之前，陆军参谋田中义一听信了情报官井户川辰三的劝告，又向司令官福岛安正少将请命，保住了张作霖的性命。二十多年后，他们一人成为日本首相，另一人成为中国的"东北王"。

田中义一是日本政界的强人，是日本陆军中占首要地位的长州藩的首要人物。这个人的生平经历与日本陆军紧紧相连：1892年毕业于陆军大学；1894年以陆军中尉军衔参加中日甲午战争；1904年参加日俄战争；1918年至1921年任陆军大臣。

作为长州藩出身的老军人、藩阀政治中的老政客，在对待所谓的"满蒙问题"上，田中义一的目的与军部少壮派并没有多少差别，同样主张"将满洲作为中国的特殊地区和中国本土分离"。但在如何达成与实现这一目标上，他们有着明显分歧。少壮派主张武力解决，田中却认为，要靠张作霖，这样才能避免英美列强的干涉。

田中的如意算盘是，先将中国划分为关内和关外，蒋介石统治关内，张作霖统治关外；再以架设索伦、吉会、长哈三条铁路和联络中东、吉会二线的两条铁路，共计五条借款铁路为由，强迫张作霖同意。五条铁路一通，"满蒙分离"自然实现，日本对满洲的控制便水到渠成，这样就无须关东军再大动干戈了。田中说"张作霖如我弟弟"，他不相信张作霖会不答应他的条件。

张作霖深知，他这个"东北王"一天也离不开日本的武力支持。1922年第一次直奉战争期间，奉军的作战计划多半出自日本人之手；第二次直奉战争期间，日军全力支持张作霖，奉军把直系军队赶过江南，张作霖成为北京的统治者。1925年11月，郭松龄倒戈，率军直扑沈阳。当时东北军的精锐几乎都掌握在郭松龄手

第四章
重生——抗战胜利的能量密码

里，若无日本方面紧急调遣部队增援，恐怕张作霖早就死无葬身之地了。

但是日本人提出的五条借款铁路线，条件异常苛刻。连张作霖的参谋长杨宇霆也发牢骚说"日本人太那个了，到别人地方架设借款铁路，还要18%的利息"。杨宇霆没有说出来的是，沿线权益尽为日本人所得，日本势力将会沿着铁路线跟进，像蜘蛛网一样全面铺开。

张作霖也是爱东北、爱国家之人，他也不想日本人的势力在东北无限扩展。但，他更爱张家。

在国事、家事不可两全的那个夜晚，张作霖愁肠万端，忧心如焚，几近心力衰竭。为了这五条铁路线，这位叱咤风云的人物，一晚上竟老了十岁。第二天出现在日本人面前的张大帅，是一个完全垮掉的人。他语无伦次，目光游移，躲躲闪闪又含含糊糊，但最终还是同意了田中的全部条件。

日本人也知道"不战而屈人之兵"乃兵法的最高境界。田中以为自己达到了这个境界。满铁总裁山本条太郎在从北京回东北的火车上边喝啤酒，边满面春风傲然地说："这等于购得了满洲，所以不必再用武力来解决了。"

但田中义一的和平解决方案，被军部的武力解决摧毁了。

1931年9月18日，日本关东军1.9万人发动九一八事变，东北军19万人不战而退。关东军3天占领沈阳，一个多星期控制辽宁，3个月控制东北三省。

后来人们都说是蒋介石的一纸"不抵抗"命令，把整个东北给丢掉了，如果蒋介石不下命令，东北军还能顶住。其实，事实并非完全如此。

1991年5月，在纽约，张学良回忆那段历史。他说："是我们东北军自己选择不抵抗的。我当时判断日本人不会占领全中国，我没认清他们的侵略意图，所以尽量避免刺激日本人，不给他们扩大战事的借口。打不还手，骂不还口，是我下的指令。"

九一八事变发生后，张学良在北京协和医院召开了东北军高级将领会议，会议决定不能抵抗，得用和平的方法，用外交斡旋的方法解决。然后张学良将会议的决定发给了南京的蒋介石，蒋介石给他回了一封电报，同意东北军高级将领会议的决定，让他们按照自己的方略去做。

东北沦陷，蒋介石负有不可推卸的责任。

20世纪30年代前后，从1928年6月的皇姑屯事件到1931年6月"中村事件"、7月"万宝山事件"、9月九一八事变，从1932年一·二八事变到1935年"张北事件"再到1937年七七事变，日本一直在通过不断地制造危机和利用危机，有条不紊地向预定目标节节推进，既有张牙舞爪的激进，又有老谋深算的扩张。如果说军事独裁是日本政府肆无忌惮的底座，那么积贫积弱的中国便成了他们垂涎已久的肥肉。所以说1931年的九一八事变并非意外，而是昭和军阀集团成员成熟的集体运作。

说到九一八事变，不能不谈三个日军军官：板垣征四郎、石原

第四章
重生——抗战胜利的能量密码

莞尔、土肥原贤二。他们身上都有一个共同的特点：坚忍与刻苦。他们并非今天很多人以为的那样，只会狂热地呼喊万岁或剖腹那么简单粗暴。

当年板垣担任关东军高级参谋，身材矮小，总是服装整洁，黑色的眉毛和小胡子特别显眼，加上他有个轻轻搓手的动作，极容易给人一个温文尔雅的印象。此人是个著名的"中国通"，4岁就在祖父的教导下学习汉学，早年职务几乎都与中国有关，他的足迹遍及中国东北、西南、华中和华北。此人能讲一口流利的汉语，且经常串街走巷，深谙中国民情风俗。他在东北网罗了很多人，诱逼臧式毅出任奉天伪省长，推动爱新觉罗·熙洽宣布吉林独立，推动张海鹏宣布洮南独立，策动张景惠宣布黑龙江独立，牢控伪满洲国溥仪、罗振玉等人，被称为"东北汉奸之父"。

石原莞尔比板垣小四岁，长着一副小孩脸，脸上常带忧郁的表情，一旦陷入深思，周围便没有人敢上来打扰。他有个特点，对部下温和，但对长官尖刻。他给所有上司都起了诨名，而且敢当着他们的面使用。这在极讲资历和官阶的日军内部，很是另类。

石原1915年考入日本陆军大学第三十期，1918年毕业时成绩应为第一，但因为过于狂妄自大，与教官关系不佳，被降为第二名，而第一名是能获得与天皇单独谈话的机会的。但石原并不是很在乎，还是那样我行我素，为所欲为。此人不但聪明灵敏，而且精力过人，整天找人谈天说地，成绩依然出类拔萃。

但从来与上级搞不好关系的石原，在关东军碰到板垣征四郎后就像换了一个人，全力配合起来。

石原一踏上中国土地，立刻被东北平原的景色惊呆了，无边无际的田野像绿色海洋般，一望无际。到关东军总部旅顺后，一连八个月，他的时间都花在了阅读书籍、研究地图以及和关东军经验丰富的老手谈话上面。

到中国不满一年，石原进行了三次"参谋旅行"。在哈尔滨乘汽车实地侦察，做攻占前的地形判断；研究了松花江渡江作战和占领哈尔滨的前进阵地。包括齐齐哈尔、海拉尔等地的进攻与防御，兴安岭东侧地区可能发生遭遇战等问题，都在他那个不知疲倦的脑子中理出了头绪。

后来，让裕仁天皇赞叹不已，以"最高机密、应急计划"存入皇家秘密档案的《国家前途转折的根本国策——满蒙问题解决案》，就是石原莞尔在侦察旅行的途中，在颠簸不已的火车上完成的。他还起草过《日本国防的现在和将来》，设计过"七总督统治中国方案"等，其统治欲望之强烈与夺占领土之疯狂，已经无以言表。

西方人在战后评价说，石原莞尔是日本陆军少壮派中最有创见的战略家。

土肥原贤二，同样是个顽强坚忍的人物。九一八事变后第三天，他就公开出任奉天（沈阳）市长。因这一事变是关东军"擅自行动"，事先未获日本当局认可，所以当了市长的土肥原拿不到日本过来的任何经费。而关东军要扩大对整个东北的占领，丝毫没有准备经费和人员来维持城市治安。

第四章
重生——抗战胜利的能量密码

然而在这种情况下,土肥原竟然"自掏腰包"干起市长来了:以个人名义借贷,弄到一笔钱维持奉天运转,一直干到日本的占领稳定下来,才将权力转交给伪政府。因为先前那些开支无法报销,土肥原最后是用自己的薪俸去还债,其全家很长时间只能租住在几间小屋内。

土肥原贤二还与阎锡山是日本士官学校的同学。利用这层关系,土肥原享受上宾待遇,旅行于山西各地,有计划地把山西的兵要地理做了一番详细侦测,尤其关注雁门关、桑干河一带,详细记录了重武器可以通过的险要地点。七七事变之后,阎锡山认为雁门关是天险,尤其是茹越口一带,重武器无法通过,绝非日军攻击目标,所以这一带事先既未构筑工事,部署的兵力也很少。直至日军利用土肥原的情报突然从这一空隙突破中国军队防线,钻进来时,阎锡山大吃一惊却悔之晚矣,晋北也因此迅速失守。"山西王"对山西的地形还不如日本人熟悉,真是绝妙的讽刺。

比土肥原更早在中国地形和军用地图上做文章的还有一个日本人——侵华日军的总司令冈村宁次。

20世纪20年代,冈村宁次曾担任"五省联军总司令"孙传芳的军事顾问。孙传芳虽以"老师"称呼他,其实并不信任日本人。所以冈村在回忆录中写道:"尽管我在孙传芳面前受到敬重,他向我咨询作战事宜,可军用地图却从未给过我。"他还回忆到,在北伐战争中,当地指挥官把华中地区五万分之一比例的地图全部借给他,委托他制定作战指导方针。不久,前线节节败退,孙传芳束手无策,匆忙起锚,顺流而逃。而同样仓促雇船躲避的冈村丢弃了所有行李,却并没有忘记带上这套地图。

冈村宁次回去后,把这套五万分之一比例的地图和之前从当地军阀那里骗来的江浙一带二万分之一比例的军用地图一并交给了日军参谋本部,得到了一笔数额很大的秘密赏金。1937年中日爆发全面战争,他提供的地图就成了日军的一大利器。

冈村的参谋长宫崎周一说:"武汉作战和中国大陆各次重要作战,多亏有这份五万分之一比例的地图。"

如此精悍、精深、精细的对手,何等可畏。反观国民政府,粗疏、粗浅、粗陋则随处可见。

1932年上海一·二八事变发生,顾维钧作为中方首席谈判代表,被派到上海处置事件善后事宜。

顾维钧是中国近现代著名的外交家,是毕业于美国哥伦比亚大学的国际法博士。他曾于1919年作为中国代表团的一员参加巴黎和会,以"中国不能放弃山东如同基督教徒不能放弃耶路撒冷"这样慷慨激昂的演讲打动了各国代表,为维护中华民族权益做出了贡献。1931年九一八事变后,他又以中国代表身份参加国际联盟李顿调查团,调查日本侵略者在中国东北的侵略罪行。就是这样一个国家民族利益的坚定维护者,也被日本人钻了空子。

冈村宁次与顾维钧早就认识,且私交不错。日本派遣军司令官白川义则大将要冈村多与顾维钧接触,以便摸清中方的谈判底线。

顾维钧长期与西方列强打交道,自己也有一套哲学:两国交

第四章
重生——抗战胜利的能量密码

战，不影响交友。他爱好洋货，且经常光顾酒会、舞会、音乐会这些交际场合。冈村宁次便交代手下人，凡顾维钧出现在这些场合，须尽快通知他。此后，两人就有了一次又一次的"邂逅"。觥筹交错之时，轻歌曼舞之际，冈村很快就从顾维钧那里弄到了不少蒋介石有关停战谈判的真实想法。

结果不难想象，中日双方正式商谈停战协议条件之时，日本已然心中有数，居于十分主动的地位了。

文人如此，武将也难幸免。比如抗战英雄宋哲元当年也差一点滑进汉奸泥坑。

宋哲元本来是最早力主抗战的将领之一。九一八事变后第二天，他率领二十九军全体将士通电全国："宁为战死鬼，不作亡国奴。"

1933年，宋哲元任第三军团总指挥，指挥喜峰口抗战，赢得"抗日英雄"的美名。但宋哲元不是蒋介石的嫡系，原是冯玉祥部下的五虎将之一，在国民党新军阀混战中是著名的反蒋人物，蒋介石也一直想借机收拾他。

1935年，日军挑起第二次"张北事件"后，蒋介石借机免去了宋哲元的察哈尔省政府主席的职务，并有意调二十九军去江西"剿共"，好扫除中央军在华北的障碍。

宋哲元已然知道国民党的支持与保护不再可能，又想保住自己在华北的地盘，只有取得日军的谅解。于是，他通过亲信与日军联络，把自己的处境和苦衷告诉日本华北驻屯军参谋长酒井隆，还向他表示了合作的愿望。驻屯军反应很快，马上宣布宋哲元必须在位，不再提将宋部压迫到黄河以南的原定设想了。

与日军的默契不仅保住了宋哲元自己在华北的地盘，而且"丰台事件"后，他乘机把二十九军第三十七师调到北平，使自己的势力从察哈尔扩展到了平津。为了防止宋哲元进一步倒向日本，蒋介石采取了一系列拉拢活动。1935年8月28日，宋哲元被正式任命为平津卫戍司令。由此，宋哲元实际开始操纵冀、察的军政大权，开始在民族大义与集团私利矛盾冲突的刀尖上走钢丝。再后来，他又成了土肥原贤二选中的傀儡，开始一点点动摇，在军事、政治的压力与一己私利的诱惑下，一点点走到了宣布"华北自治"的边缘。

最终制止宋哲元的危险行为、击碎土肥原"华北自治"梦想的，是沸腾的全国舆论，是北平爆发的"一二·九"抗日救亡运动，但也仅仅是制止，停止向危险方向继续滑动。宋哲元对日本态度的真正转变，是在他派亲信参加1937年2月国民党五届三中全会之后。这次会议，国民党确定了停止内战、实行国共合作的原则。于是，宋哲元的立场转变，最后使他变成了日本华北驻屯军的打击对象，最终就爆发了七七事变。

发动七七事变的日本华北驻屯军8,400人，宋哲元部二十九军10万人。8,400人是查遍了有关这段历史的所有记载所采取的最高数字。日本侵略者以区区8,400兵力在北平南端宛平城附近的卢沟桥发动事变，挑起了中日之间的全面战争。

第四章
重生——抗战胜利的能量密码

通过宋哲元，可以看到这是中国许多旧式军人的深刻悲剧。他们的信仰和他们的主义，皆敌不过他们个人的切身利益。

国民党副总裁汪精卫就说："战呢，是会打败仗的……和呢？是会吃亏的。就老实承认吃亏，并且求于吃亏之后，有所抵偿。"他问冯玉祥："大家都说抗战到底，'底'在何处？"冯玉祥回答："日本投降。"汪精卫后来嘲弄说："这简直是一个丘八的狂妄与无知。"当时像汪精卫这样无心抗日、谋求妥协的大有人在。

于是，就像日本法西斯团体中有"一夕会"和"樱会"那样，国民政府内部也有人成立了一个"低调俱乐部"。

这是一伙对抗战前景持悲观情绪，认为"战必败"的统治层"精英"，既有胡适、张君劢、梅思平、陶希圣这样一批文人学者，也有陈布雷、陈立夫、顾祝同、朱绍良等军政人物，他们经常聚集在南京西流湾8号周佛海的花园洋房或高宗武的寓所内议论为政，反对抗战。

胡适为这个小团体起名为"低调俱乐部"，以区别于唱抗战高调的政府内主战派和民众的抗战激情，胡适称之为"歇斯底里的风气"。

周佛海对"低调俱乐部"的由来说得更加直白：

> 共产党、桂系以及一切失意分子，都很明白地知道，抗日是倒蒋唯一手段。他们因为要倒蒋，所以高唱持久全面的抗日战争。蒋先生本想以更高的调子压服反对他的人，而这些人就利用

蒋先生自己的高调，逼着蒋先生钻牛角，调子越唱越高，牛角就不得不越钻越深。当抗战到底的调子高唱入云的时候，谁也不敢唱和平的低调。故我们主张和平的这一个小集团，便名为"低调俱乐部"。

汪精卫没有直接参加"低调俱乐部"的活动，但他是这个组织的灵魂，他认为"和日本言和也不失为一种手段"，"要打开谈判的大门"。

1938年12月，这扇"大门"开了，汪精卫降日，成为中国头号大汉奸。

受实力误导的魄力，被境界改变的世界

从1931年9月的九一八事变到1945年8月15日日本无条件投降，是更加真实的14年抗战。但是从1941年12月9日国民政府正式对日宣战到1945年8月15日日本无条件投降，只有短短的3年零8个月时间。

七七事变之后10天，即1937年7月17日，蒋介石发表著名的庐山讲话，称"如果放弃尺寸土地与主权，便是中华民族的千古罪人"，"地无分南北，年无分老幼，无论何人，皆有守土抗战之责任，皆应抱定牺牲一切之决心"。这态度不可谓不坚决。

可为什么直到1941年12月9日，从1931年九一八事变算起，日本大规模入侵已经发生了10年零3个月；从1937年七七事变算起，中国全面抗战已经开展了4年零5个月，国民政府才迟迟正式对日宣战？

无须讳言，最直接的原因是美国参战了：1941年12月7日，日军偷袭珍珠港。12月8日，美国对日本宣战。于是，才终于有了12月9日的国民政府对日正式宣战。

正如今天很多国人没想过为什么卢沟桥是战争爆发地一样，很多国人也不知道迟至1941年12月9日中国才对日本正式宣战。

如果说卢沟桥作为战争爆发地是耻辱，那么美国人宣战了我们才敢正式宣战就不是耻辱了吗？美国被偷袭，第二天就宣战，最后一定要把偷袭者打到无条件投降方才罢手。我们早已不是被"偷袭"，而是侵略者早已明火执仗了，在南京屠城了，大半个中国被侵占了，蒋介石的国民政府竟然还没向对方"正式宣战"。

1937年7月17日，蒋介石发表庐山讲话，1,900字文稿中6次提到"弱国"。

确实，到1937年全面侵华前，日本年产钢铁580万吨，中国只有4万吨；日本年产飞机600架，中国一架也产不了；日本年产坦克200辆，中国一辆也造不出来。1894年爆发甲午战争，北洋水师火炮口径和装甲厚度优于日本联合舰队，却在很短时间内全军覆灭。1937年中国与日本的国力差距比甲午战争时期更为巨大了。

蒋介石当时所说的"弱"，主要是指国力弱——军力弱、装备弱、训练弱。至于精神弱——意志弱、心理弱、斗志弱，他则未曾意识到，或者意识到了也不愿承认。

所以，国民党政府一边进行着抵抗，一边琢磨着妥协，盘算着退路。

首先是通过德国驻华大使陶德曼的"调停"。1937年12月2日，蒋介石对陶德曼大使表示：中日可以谈，日方条件还不算亡国条件。12月6日，国民政府国防最高会议决定接受"陶德曼调停"。

第四章
重生——抗战胜利的能量密码

后来因为侵略者攻陷南京后条件大大加码,"陶德曼调停"才宣告中止。

接着,1938年5月,日本外相宇垣一成的代表与国民政府行政院长孔祥熙的代表在香港秘密接触。宇垣一成在日记中记录了孔祥熙的表态:"内蒙设置特殊地区是可以的";"在条约上公开承认满洲独立,我们国内很困难,只有悄悄地逐步实行";等等。后因日本陆军强硬派非要"蒋介石下野",这次交涉才告吹。

1939年3月,又有国民党复兴社人员与日本方面在香港悄悄谈判。但这个消息走漏了,得到消息的中国共产党方面要求"通缉主和人员",桂系也表示,如果议和,广西军队将单独抗战,这样秘密谈判才夭折。

1940年,军统局又派人冒充"宋子良",3月在香港、6月在澳门与日本参谋本部铃木卓尔中佐交涉,甚至一度拟定蒋、汪、日三方长沙会谈,这被日方列为"桐工作",并称,这"曾经是事变行将解决,日中两国最接近的一刹那"。

当然,我们应该理解,抗日战争毕竟是一个半殖民地半封建的弱国面对一个帝国主义强国的战争,也应该理解当时中国独立抗击日本法西斯的困难局面,也不能说国民党与对方接触不包含权宜之计而都是出卖与叛变,毕竟,国民政府苦撑到了最后,接受了日本投降。

必须肯定正面战场的作用。国民政府组织了淞沪会战、南京保卫战、太原会战、徐州会战、武汉会战……虽然国民政府在正面战场的坚决抵抗没能挡住日军的进攻，但也让日本侵略者始料未及。

更让侵略者始料未及的是出现了另一个战场——中国共产党领导的敌后战场。这是世界反法西斯战争中中国战场上出现的奇异景象。

战争的伟力之最深厚的根源，存在于民众之中。

日本侵略者不会料到，1937年的全民抗战，才是中华民族真正的全民族觉醒。日本侵略者占中国的地，杀中国的人，屠中国的城，对准整个中华民族，使这个民族第一次没有阶级之分、没有地域之隔、没有统治与被统治之嫌，结成利益共同体、命运共同体、荣辱共同体，筑起国家与民族新的血肉长城。

日本侵略者更没想到面前出现了一个全新力量——中国共产党，没有想到这个党动员起来、组织起来、武装起来的民众，为侵略者垒起了一座无法逾越的高山。

七七事变之前，日本统治者以为三个月可灭亡中国，然而他们只看到了中国政府的羸弱。

七七事变发生二十多天后，1937年7月31日这天，蒋介石请胡适、梅贻琦、张伯苓、陶希圣、陈布雷等人吃饭，判断对日作战可支撑六个月。张伯苓附和，胡适不表态。饭后，胡适对蒋介石说，外交路线不可断，意即要保留与日本的弹性空间。于是，就有了上述种种秘密谈判。

蒋介石的眼光只看到了国民政府手中的有限资源。

毛泽东却说："日本敢于欺负我们，主要的原因在于中国民众

第四章
重生——抗战胜利的能量密码

的无组织状态。"

从李鸿章、袁世凯、康有为到孙中山，他们基本上都是力图依托少数精英完成对社会的改造，都未把唤醒民众、动员民众、组织民众作为变革和革命的重点。在他们眼中，民众只是被改造的对象，而不是推动变革和革命的动力，最终只能导致变革与革命一败再败。中国近代以来，对民众的轻视，比比皆是。

鲁迅的《阿Q正传》，充分地剖析了中国人的劣根性，柏杨的《丑陋的中国人》再次剖露了中国人的劣根性。看看这个国家、这个民族、这种劣根性，明哲保身，忍气吞声，为了一己之利或苟活于世，什么都可以不顾，人的尊严、社会价值、是非曲直、真理道义都在活命保命的前提下，变得无足轻重。

中国共产党胜利最大的本源，是民众的支持。毛泽东讲，动员了全国老百姓，就造成了陷敌于灭顶之灾的汪洋大海，造成了弥补武器等缺陷的补救条件，造成了克服一切战争困难的前提。毛泽东再不把民众作为包袱、改造的对象，而是作为动力，作为推动社会变革的最巨大的力量。

1938年5月，毛泽东发表《论持久战》，他看到了中国民众中蕴含的巨大能量。弱国要想不被消灭而且战胜强国，必须动员民众、组织民众、武装民众、依靠民众。只有全民动员起来，进行人民战争，才能持久抗战，打败日本侵略者。

持久战最根本的是要依靠千千万万觉醒的中国劳苦大众。

毛泽东在这篇雄文中说道：

中国会亡吗？答复：不会亡，最后胜利是中国的。中国能够速胜吗？答复：不能速胜，抗日战争是持久战。

……

中国农民有很大的潜伏力，只要组织和指挥得当，能使日本军队一天忙碌二十四小时，使之疲于奔命。必须记住这个战争是在中国打的，这就是说，日军要完全被敌对的中国人所包围；日军要被迫运来他们所需的军用品，而且要自己看守；他们要用重兵去保护交通线，时时谨防袭击……

……

日本在中国抗战的长期消耗下，它的经济行将崩溃；在无数战争的消磨中，它的士气行将颓靡。中国方面，则抗战的潜伏力一天一天地奔腾高涨，大批的革命民众不断地倾注到前线去，为自由而战争。所有这些因素和其他的因素配合起来，就使我们能够对日本占领地的堡垒和根据地，作最后的致命的攻击，驱逐日本侵略军出中国。

这就是共产党人的眼光与格局，这就是毛泽东思想的深邃与广大，也是抗战胜利的最强大的力量源泉。

中国最广大的地区是农村，最众多的民众是农民。开辟与发展农村抗日根据地，是真正动员民众、组织民众、武装民众、依靠民众与日本侵略者持久作战的核心与关键。

随着正面战场上国民政府军队节节后退，八路军、新四军坚决

第四章
重生——抗战胜利的能量密码

向敌后挺进,先后在华北、华中和华南的广大农村建立了众多抗日根据地,到1940年已经拥有1亿人口。日本侵略者完全没有想到要面对两支性质完全不同的军队,面对两个性质完全不同的战场。

战争初期,日军全力以赴进攻蒋介石领导的国民政府军队,根本不把共产党领导的八路军和新四军放在眼里。随着日军越来越深入中国土地,情况变化越来越出乎他们的预料。

1939年12月,日本华北方面军参谋长笠原幸雄说:"华北治安战的致命祸患就是共军。只有打破这个立足于军、政、党、民的有机结合的抗战组织,才是现阶段治安肃正的根本。"

到1940年8月八路军发动百团大战时,日军已有9个师团和12个旅团被钉死在华北,严重牵制了日军兵力,消耗了日本国力。敌后战场全民皆兵,全民参战,军民一致打击侵略者的状况,令日军震惊不已。战后日方编辑出版的《华北治安战》中记载:"居民对我方一般都有敌意,而敌方工作做得彻底,凡我军进攻的地区,全然见不到居民,因而想找带路人、搬运夫以至收集情报都极为困难。另外,空室清野做得彻底,扫荡搜索隐蔽物资,很不容易。"

日军第一军参谋朝枝回忆:"(在百团大战中)八路军的抗战士气甚为旺盛,共党地区的居民,一齐动手支援八路军,连妇女、儿童也用竹篓帮助运送手榴弹。我方有的部队,往往冷不防被手执大刀的敌人包围袭击而陷入苦战。"

日军独立混成第三旅团报告冀南作战的遭遇:"两名特务人员捉到当地居民,令其带路,当接近敌村时,带路的居民突然大声喊叫:'来了两个汉奸,大家出来抓啊!'""冈村支队的一个中队,当脱离大队主力分进之际,带路的当地居民将其带进不利的地形,使我陷于共军的包围之中。"

这正是毛泽东所说的:"战争的伟力之最深厚的根源,存在于民众之中。"发动群众、组织群众、武装群众,是共产党的法宝。《华北治安战》评论:"共军与民众的关系,同以往的当政者不同。中共及其军队集中全力去了解民众,争取民心,不但日本,就连重庆方面也远远不能相比。"

日军山口真一少尉与国共两党的军队都打过仗,对于两种完全不同的作战方式,他的比较与总结是:"对神出鬼没的共军每天都要进行神经紧张、令人恐怖的战争,打一次大规模的战斗反倒痛快。其后我参加过老河口作战,我回忆在中国四年之中,再也没有比驻防在(冀南)十二里庄当队长时更苦恼的。"

还有一个真实的故事,就发生在离山口真一少尉驻地不远的邯郸西部山区的一个村庄。

那天事情发生得突然,孩子们正在追逐玩耍,不知从哪里冒出来的日本鬼子,一下子把村子包围了。好几个正在开会的区委干部来不及走脱,都被困在村里,混在乡亲里面。

这是一个生命力旺盛的村子,全村5,000人中,有1,000多个孩子。日本人选中了突破口。他们拿出糖果,一个一个地给小孩,"吃吧吃吧,随便指指哪一个不是村子的人"。令日本人没想到的是,1,000多个孩子中没有一个接糖。日本人把孩子攥紧的手掰开,

第四章
重生——抗战胜利的能量密码

将糖硬塞进去,孩子们的手像推火炭一样把糖推出来,又重新紧紧攥住。日本人的糖掉在满是灰土的地上。

几十年过去,有人问当年其中一个孩子:"你们咋那么大胆?真的一点不害怕?"这位已经白发苍苍的老者回答:"谁也不是铜浇铁打的,咋不怕?可那糖不能接,一接,就成汉奸了。"

这位老人没有多少文化,不会形容、夸张,讲起来平平淡淡。他和当年那些小伙伴凭世世代代流传下来的道德,凭庄稼人做人的直觉,在大灾难面前坚守着那棒子面窝头一样粗糙无华的意识,"一接,就成汉奸了"。这种道德的感召和良心的威慑是如此强大,以至狂吠的狼狗和上膛的三八大盖都无可奈何。

那些孩子让人感慨不已。1,000多个孩子同住一村,少不了打架斗殴,相互间头破血流。但在支起来的机枪和塞过来的糖果面前,在"一接,就成汉奸了"这一结论上,他们无人教导、不需商量,竟然息息相通。这是一代又一代遗传下来的基因,一种不需言传的民族心灵约定,按照过去的话说,即所谓的"种"。1,000多个孩子,个个有种。

任何一个民族,都不乏积蓄于生命中的火种。共产党的群众工作的关键,就是激发这些火种。点燃它,这个民族就不会堕落,不会被黑暗吞没,不会被侵略者征服。

这也正是日本侵略者的巨大悲剧所在:不但要面对蒋介石领导的正面战场,还要在毛泽东领导的敌后战场面对觉悟了的、开始为捍卫自身利益英勇战斗的千千万万普通民众,如毛泽东所说,日军陷入了"灭顶之灾的汪洋大海"。

抗战时期,还出现了一股知识分子加入抗日队伍的潮流。1937年七七事变后,从西安到延安的几百里公路上,每天都有成群结队的男女知识青年奔赴延安。1943年12月,任弼时在中央书记处工作会议上说:"抗战后到的知识分子总共有4万余人。"

这是土地革命战争中从未有过的景象。知识分子的大量加入,提高了队伍素质,增强了国人信心,拓宽了发展前景,为夺取抗战胜利做出了重要贡献。

正视正面战场，莫要碎化历史

关于抗战正面战场的话题，总是会留给我们无尽的思考。

长期以来，国共之间的确分歧太深、对立太深，在那个时代，也仇恨太深，这些都极大地影响了中华民族的整体认同，从而给其他力量许多可乘之机。

当然，今天已经大不一样了，但我们仍然能看到当年的一些影子。连战夫人曾坦承，他们来访大陆之前不知大陆会怎么对待他们，可见其心理阴影也一直没有消除。

说到历史评价方面，"选择性认同"也是双方共同的老毛病，正是在这一基础上，我们看到了今天巨大的进步。胡锦涛在纪念抗战胜利60周年大会的讲话中说过，"中国国民党和中国共产党领导的抗日军队，分别担负着正面战场和敌后战场的作战任务，形成了共同抗击日本侵略者的战略态势"。将国民党置于共产党之前，将正面战场置于敌后战场之前，这不能不说是巨大的历史进步。胡锦涛还说，"以国民党军队为主体的正面战场，组织了一系列大仗，特别是全国抗战初期的淞沪、忻口、徐州、武汉等战役，给日军以沉重打击",讲八路军、新四军抗战名将时也讲佟麟阁、赵登禹、张自忠、戴安澜等国军将领,讲"狼牙山五壮士"时也讲国军的"八百壮士",这不能不说是巨大的历史进步。

虽然国民党方面至今还没有这样评价过共产党,但回归历史的真实,本身已经是历史的选择,而不是党派的选择了。

所以我们没有必要悲观,因为历史的确在不断进步。它不需要再来个整体推翻、推倒重来,它正在一步一步日益接近真实面目。

我们过去用《地道战》《地雷战》这些电影把敌后抗战描写得无所不能,宣扬英雄主义之时有过分之处,但今天恢复历史的真面目时,又把原来的确被淡化的正面战场想象得英勇无比,也不是实情。当年,国民党内地位仅次于蒋介石的副总裁汪精卫投靠日本人,在南京组织傀儡政府,令中国抗战大局出现超级震荡。整个抗战期间一直有国军部队成建制地向日军投降,转成伪军,使尾随日军作战的伪军达百万以上(电影中"报告连长,来了一百多鬼子、二百多伪军"长期成为笑谈),成为世界反法西斯战争中中国战场的奇景,使我们今天仍然感到羞愧。

同时要看到,在整个抗日战争期间,共产党的高级领导者中无人向日本人投降,八路军、新四军中也没有一支部队投降日本人去当伪军,毛泽东、周恩来、朱德、彭德怀这些人的骨头是很硬的。抗战初期,蒋介石曾经悄悄告诉德国大使陶德曼,他之所以不能同意德国提出的"调停"意见,是因为"共产党人是绝对不会投降的",如果他同意对日妥协,在国内就无法实施领导了。

第四章
重生——抗战胜利的能量密码

我们今天认识历史，如果拿现在共产党内那些腐败分子、马屁分子去和当年的共产党人联想、类比，可能永远无法明白为什么共产党能够获得大多数人民的拥护，为什么能够靠那样一支弱小的力量最终夺取全国政权。

在这里，我想再说说国民党军队的"石牌大捷"和共产党军队的"平型关大捷"。

石牌之战是1943年5月初到6月中旬鄂西会战的一部分。这次会战从湖南北部到长江西陵峡口的石牌，绵延千里，历时一个多月，歼敌2.5万人，击毁日机15架。石牌作战5天，歼敌1,000余人。

石牌之战是中国战场上的一个显著胜利，但不是中国抗日战争的"斯大林格勒战役"。不但石牌之战不是中国的"斯大林格勒战役"，整个中国抗日战争期间也没有出现"斯大林格勒战役"。这不是一个让人舒服的说法，却是研究那段历史不得不承认的史实。

"斯大林格勒战役"是形容从防御到反攻、从被动到主动、从失败到胜利的转折点和枢纽点，而石牌之战不是这样的点。翻遍抗战史，也找不到这样的点。包括石牌作战在内的鄂西会战阻止了日军的进攻，但此后日军通过常德会战、豫中会战、长衡会战、桂柳会战、湘西会战，仍然在不断进攻；郑州失守，许昌失守，洛阳失守，长沙失守，衡阳失守，桂林失守，柳州失守……仍然是中国人听到的一个又一个噩耗。

特别是湘西会战（日本人称"芷江作战"）竟然发生在1945年

4月，距日本天皇宣布投降仅剩四个月时间，日军还在战场上以劣势兵力甚至劣势兵器（湘西作战期间非常明显）向中国军队连续发动进攻，你说中国的"斯大林格勒"在哪里？倒是湘西作战末期日军强弩之末的表现，让美国《纽约时报》评论了一句"可视为中日战争转折的暗示"，只凭这句话我们就能聊以自慰吗？那时在欧洲战场上希特勒已经自杀，德国人已经投降了，我们才仅仅把进攻的日军击退，然后继续防御。

所以，不是中国共产党故意淹没了抗日战争中的"斯大林格勒战役"，而是它本来就不存在。如果它真的存在，别说一个中国共产党，全世界共产党加起来也淹没不了。赫鲁晓夫当年反斯大林，把斯大林格勒改称伏尔加格勒了，但"斯大林格勒战役"作为二战中苏德战场的战略转折点，至今彪炳战史，无人能够撼动。

再看石牌之战的细节。以"勇将"著称的国军十一师师长胡琏，一方面表示"与阵地共存亡"，另一方面又在江边暗备小船，准备必要时逃命。打到最艰苦的第五天，国军十八军军长认为难以支撑了，已经下令撤退，却突然接到后卫部队报告，说入夜后日军阵地枪炮声沉寂，日军已经悄悄撤退了，他这才下令立即向部队追回撤退的命令，同时向重庆报告"石牌大捷"。

今天不了解这些历史，以一两篇文章就要"恢复历史真面目"，同样是弱不禁风的单薄。我们说这些作战指挥层的犹豫与动摇，<u>丝毫不会减弱石牌之战中中国军队官兵奋勇作战和英勇牺牲精神的可贵可叹，他们同样是中国人不屈精神的杰出代表</u>；说这些，是要说

第四章
重生——抗战胜利的能量密码

明我们过去描述历史的时候太多理想主义,今天想要再现一部公正的历史,再不能仅仅凭另一种理想主义了。

关于石牌作战与平型关作战的比较,前面说了,把石牌作战与鄂西会战的关系弄清楚了,就会明白石牌作战与平型关作战歼敌人数基本一样,都是1,000多人。要说不一样的话,那么有这样几个不同之处。

平型关作战是一天歼敌1,000多人,石牌作战是5天歼敌1,000多人;平型关作战是1937年全面抗战开始的第一个胜仗,那时从国内看,华北国军纷纷败退,恐日情绪到处蔓延;从国际看,美、英袖手旁观,德、日步步紧逼,中国空前孤立。此时以八路军如此简陋之装备和长期连肚子都吃不饱的官兵状况能够取得平型关胜利,对鼓舞一直只见失败不见胜利的国人士气,对击破"皇军不可战胜"的神话,意义极其重大。

1943年的石牌之战是中国战场上的一个显著胜利,但那是在台儿庄作战胜利之后,此时二战已经全面开始,珍珠港事件也已发生,日军在太平洋战场上已受美军重挫,战争初期那股傲气已经大减,而且此时美援也大量拥入中国。在石牌作战中,中美空军曾给日军造成很大的杀伤,当时国军的重迫击炮团装备了40多门150毫米口径的美式重迫击炮,一次作战就向日军发射几千发炮弹,仅仅几个小时就杀伤日军数百人。这些条件,在平型关作战的八路军都不具备,只能凭借子弹和刺刀,一个对一个地较量、解决。要知道,那是一支不掌握执政资源(不但"在野",此前还到处被"围剿")、不享受外援分配，甚至不享有政府正常财政拨款的军队（抗战初期受过一阵，后来中断了），正是这些情况，决定了石牌作战无法和平型关作战相比。认为石牌作战意义大于平型关作战的说法，并没有很好地把握那段历史。

当然，就像所有生命价值等同一样，任何牺牲都是相同的。不要说牺牲在平型关应当获得我们的尊敬，还是牺牲在石牌应当获得我们的尊敬，所有牺牲者都应获得我们同样的尊敬，即使是那些殒命于兵荒马乱大溃退中的无数无名官兵，今天也是需要我们在他们生命痕迹消失的地方放上几束白花的。美国人今天还在满世界寻找他们参加二战的官兵的遗骸，这对我们该是一个多么深刻的提醒！日本人在广岛的纪念碑上，把死于原子弹轰炸及后续效应的20余万人的姓名一个一个都刻了上去，又是怎样一种对前人和后人负责的态度？而我们遭受南京大屠杀，30万人死亡，至今南京的纪念馆内也只刻有3,000个有名有姓的名字，其他29.7万人的姓名呢？真令我们汗颜。把这笔账也记在共产党头上显然不公平，因为南京是当时国民政府的首都，南京城的雨花台还是专门杀共产党人的地方。离南京近一些的"苏区"（江西"中央苏区"和"鄂豫皖苏区"）早被国军"围剿"得不得不万里长征，被驱赶到荒凉贫穷的西北一隅去了。南京城中被日军屠杀的30万人中，将近10万是来不及撤走的国军军人，而当时向南京进攻的全部日军才5万多人，这些都是我们应该永远铭记在心的史实。

写到这里，还有必要对平型关战役的若干细节进行回顾。

第四章
重生——抗战胜利的能量密码

有文章通过描写向人们揭示：平型关战役不过是林彪个人野心的产物，是他"急迫想创一个惊世之举"。

我们不要忘记，平型关战役是八路军总部直接布置的。战斗开始之前，周恩来、彭德怀等人几度与阎锡山等会商，协调八路军在山西的作战行动。当时正值大同弃守，阎锡山为挽回晋北局势，准备集中兵力在平型关与敌会战，望八路军与之配合。周恩来等当即表示：八路军不宜担负正面阵地防御任务，只宜在进攻之敌之翼侧和后方发挥运动游击专长。

正是在这样的情况下，八路军总部命令第一一五师进至平型关以西日军前进方向翼侧之大营镇待机，准备侧击进犯平型关之敌。

9月14日，一一五师先头部队进抵大营镇。

9月19日，一一五师第三四三旅奉命进至平型关东南上寨地区待机。第三四四旅向这一地区机动。八路军总部随一一五师进驻五台。

9月22日，日军一部由灵丘县城向平型关进犯，并占领东跑池地区。

9月23日，八路军总部命令一一五师向平型关、灵丘县城间出动，侧击该敌。

9月25日，战斗打响。

平型关战役从作战预案的形成、部队的调动、作战方式的确定到作战地域的选择、战斗发起的大致时间等，无不充满周恩来、朱德、彭德怀等人深谋远虑的谋划与思考。

平型关战役又的确是一一五师师长林彪具体指挥的。受领作战任务之后，林彪迅速率领部队到达指定位置，亲率人员在平型关一带反复勘察地形，亲自选定伏击地域，并将"侧击"具体化为"一翼伏击"这种于我方更为稳妥的战斗方式。在战斗发起前对作战部署的精心策划、对作战任务的详尽划分，战斗发起后对意外情况的果断处置、对作战部署的及时调整等方面，林彪都表现出了其干练的军事才能。甚至在战前干部动员大会上，林彪也有被人们记下来的表现，给人留下了深刻印象。这些活生生的历史事实大约不是拿"个人野心"之类的简单的脸谱概念就能够解释清楚的。

纵观平型关战役的全过程，我们看到的都是一个群体。平型关战役表达的是中国共产党及其领导的八路军抗日的决心，而这一决心是在相当困难的条件下付诸实践的。华北战场，国民党近80万装备优良的军队尚不能抵御20万日军的进攻，纷纷望风披靡，向南溃逃，而当时的八路军部队连大刀都列入部队装备呢。

据时任六八六团团长的李天佑回忆，有的战士连土造步枪都摊不上，只是背着大马刀。在懦弱者看来，我们未免太不自量力了。当我军战士昂首阔步地前进时，国民党士兵还瞪着眼睛，讥讽说："你们背着吹火筒、大刀片，真的要去送死吗？"就是这样一支军队，偏偏北上前线去日军侧后寻求战机，这里面不论是群体还是个人，真正能支撑他的是勇气与决心呢，还是私利与野心？

国民党内历来不乏野心勃勃之人，在此关键时刻却无人跳出来"表现独立的军事才华"。

第四章
重生——抗战胜利的能量密码

甚至在我军平型关战役已经取胜后,八个团的国民党部队仍然不敢出击,瞪眼看着日军两个大队(两个营)从自己眼前安然退走。

要知道,那时并不是如某些人所想象的,是一个争当英雄的时刻,而是一个充斥民族失败主义、充斥悲观失望情绪的时候,是一个设法争相逃命、各自拼命保存实力的时刻。

在这种时刻,八路军代表中国共产党人站出来,代表中华民族站出来,力夺全国抗战以来第一个歼灭战的胜利,其意义已经远远超出了一场伏击战本身。

就连1989年8月台湾地区国民党"国防部史政编译局"编纂出版的《中国战史大辞典》,在说到平型关战役时也要写上:"(9月)25日我军发动反击,克复蔡家峪、小寨村等地,切断平型关至灵丘间之日军交通。"

国民党战史不写"八路军",而写"我军",是因为八路军在其国民革命军编制序列之内;又因为这样一来,平型关战役的光荣就可以名正言顺地记在"国军"身上。

国民党尚在追求与蒙混的金字招牌,我们今天为什么要把它摘下来,用"个人野心"或是别的什么理由,否定自己的光辉战绩?

多年政治运动的影响,使我们之中不少人产生这样一种怪癖:非常习惯于把历史切割成碎块,然后再分别放到个人的背上。这个人不行了,便连同他背上的所有东西一起抛弃。

八路军军歌中响遍全中国的"首战平型关,威名天下扬"两句，并非在为个人叫好。它表露的是一个群体的坚强决心，体现的是一支军队的英雄气概。它歌唱出的光荣，是中国共产党的光荣，是中华民族的光荣。而最后的这种觉醒最为深刻也最为彻底。尽管这一进程中出现了汪精卫这样的著名政治人物组织傀儡政权、周作人这样的著名学者接受日军保护和伪政权任命甚至出现百万以上为虎作伥的伪军，但是更多的中国人在空前的灾难和空前的历史考验面前结成了一个日益坚强的整体。

曾经一盘散沙的中华民族，在这场或者胜利或者灭亡的殊死战斗中，凤凰涅槃般地觉醒、再生。这种觉醒与再生鲜明地表现在日本帝国主义面对的不再是一个软弱犹豫的国民党政府，而是整个中华民族。所以，抗日战争的胜利是中华民族总体的胜利、共同的胜利。真正挽救中国人的，是觉醒的中国人自身。

第五章 醒狮——
朝鲜战争的鸟瞰钩沉

1900年，八国联军侵华，与清政府签订《辛丑条约》；1950年，中国人民志愿军打退十六国联军。半个世纪后，睡狮已醒来，跨江一战，锋芒出鞘。世界格局为之大变，巨人自此屹立东方。

从1861年的洋务运动到1898年的戊戌变法，是中国士大夫阶层的觉醒。

从1911年的辛亥革命到1919年的五四运动，是中国知识分子阶层的觉醒。

从1931年九一八事变到1937年七七事变，则发展为中华民族的整体觉醒。

那么1950年的抗美援朝战争呢？不妨称之为中国这个东方巨人在世界格局中的睡狮猛醒。

"入局"才能"开局"

实事求是地讲，1949年新中国成立，如果仅仅是在内战中打败了国民党，还不足以在全世界面前充分展示这个政权的合理性、合法性，因为那毕竟是国内战争的胜利。我们当时需要一场对外战争的胜利。1950年6月25日，朝鲜战争爆发；9月15日，美军在仁川登陆，准备大举北进。尽管当时新中国刚刚建立，国内百废待兴，急需经济建设；军队长期作战，急需休整，我们真是不想打，但我们没有退路，迎上去了，并且获得了胜利。

当年京都大学的一位日本教授讲："1949年你们的毛泽东讲，中国人民从此站起来了，我们周围一个相信的都没有，看看你们那个糟糕透顶的历史，毛泽东一句话就站起来了？1950年你们竟然对美国出兵，而且不但出兵，还把美国人从北部压到了南部去了，我这才觉得中国人跟过去真的不一样了，毛泽东讲的话有些道理。"

我们常讲"以德服人"，什么叫"德"？仅仅是退让、宽厚吗？为什么抚顺战犯管理所的干部说，出兵朝鲜是我们改造战犯最深刻有力的东西？现在回过头来看，德中还要有威，必须有威。日本人最怕美国人，中国人和美国人打起来了，敢和美国人交手，把他们从朝鲜北部赶到南部了。连当时被关在功德林战犯管理所的杜聿明等人都觉得解气，觉得解放军好好教训了美国人。这个时候他们都忘记自己国民党战犯的身份了，只觉得自己是个中国人。这就是出兵朝鲜的重大意义。这样他们才觉得共产党表现出来的是大德，而不是无力、软弱、无奈的小德。品德靠威力来支撑，才能彰显大德。

再看看"新加坡国父"李光耀早年的经历。在中国人民志愿军跨过鸭绿江的时候，李光耀正在英国剑桥大学读本科。平时穿过西欧海关，西欧海关关员看他那张华人面孔不屑一顾，志愿军跨过鸭绿江后，西欧海关关员对华人面孔肃然起敬。华人正在与"联合国军"打仗，正在迫使"联合国军"步步后退。李光耀说："我由此下决心学好华语。"

志愿军跨过鸭绿江促使李光耀下决心学好华语，这里面包含的逻辑关系西方人可能不明白，但我们东方人、我们中国人，一定明白。

1900年，八国联军把我们打得稀里哗啦，我们赔款4.5亿两白银。1950年，十六国"联合国军"被我们打退，而且不是在境内，而是在朝鲜半岛，我军出境作战，跨过鸭绿江。新中国再也不允许九一八事变、七七事变这类事件在国内出现，我们出境作战，在境外维护新中国的国家安全。

后来我跟别人讲，中国的全球化进程从志愿军跨过鸭绿江那一刻就已经开始，我们开始进入世界体系。怎么进入的？跨过鸭绿

第五章
醒狮——朝鲜战争的鸟瞰钩沉

江。以前，中国人都缩在屋子里被别人打。中日战争不是在边境爆发，而是在中国境内的卢沟桥爆发。日军长驱直入扼住了我们的咽喉，直到北平南面宛平城，我们才跟日军作战。这就是旧中国的历史。

再看看新中国，再也不能任谁在国内打起来，而是出境作战，使新中国政权成为1840年以来包括大清王朝、北洋军阀、民国政府在内的政权中维护国家民族权益最英勇、最顽强、最具有大无畏精神、最能夺取胜利的政权。

这是对中华民族的精神洗礼，是新中国政权获得全世界华人心目中合理性与合法性的关键。

今天有些人在否定我们跨过鸭绿江之举，甚至声称"如果不过去，中国早就跟美国搞好关系了，早就改革开放了"，这完全是在说梦话，甘做美国的跟班、喽啰，中国能自立于世界民族之林吗？跨过鸭绿江，这场仗打出了我们中国人的精神，打出了中国人的气质，我们跟过去完全不一样了！

早在1945年中共第七次全国代表大会上，毛泽东就说过一句话："预见就是预先看到前途趋向，如果没有预见，叫不叫领导？我说不叫领导。"毛泽东还说："坐在指挥台上，只看见地平线上已经出现的大量普遍的东西，那是平平常常的，也不能算领导。只有当着还没有出现大量的明显的东西的时候，当桅杆顶刚刚露出的时候，就能看出这是要发展成为大量的普遍的东西，并能掌握住它，这才叫领导。"

这就是高瞻远瞩。

1950年9月15日，美军在仁川登陆，准备大举北进。麦克阿瑟明明知道中国30万东北边防军已经完成了部队的编组集结，但他根本无所谓。美国总统杜鲁门专程飞到威克岛，与麦克阿瑟会商："如果中国出兵怎么办？"麦克阿瑟说："中国人不会出兵，中国历史上一场仗都没打胜，出什么兵啊？他们把兵力放在这儿吓唬我们。"杜鲁门就放心地回去了。

20世纪60年代以前出生的人，能忆起小时候听惯了的一首童谣："一二三四五，上山打老虎。老虎不吃人，专吃山上的杜鲁门！"这个把美国军队派到中国大门口来的杜鲁门，在中国少年儿童中间简单到只是帝国主义的一个符号。

其实，杜鲁门没有那么简单。

杜鲁门从小高度近视，但并未妨碍他的两大爱好：音乐和阅读。他每天早晨5点起床练钢琴，每周上两次音乐课，这种枯燥的生活一直持续到15岁。他对军事历史兴趣深厚，每周要看四到五本这方面的书籍或人物传记。

1901年杜鲁门高中毕业后，付不起学费无法上大学。他梦想上西点军校，却又因为高度近视而被拒之门外，他心痛不已。此后，杜鲁门当过铁路计时员、报纸投递员、国民商业银行职员、联合国民银行记账员，1906年回乡甚至当了一段时间的农场主。1914年父亲去世后，他继承父业成为城镇公路监督，还干过地方邮政局局长，后来又与人合作在密苏里开矿，赔钱后转到俄克拉荷马勘探石

第五章
醒狮——朝鲜战争的鸟瞰钩沉

油。没有正规学历的杜鲁门干尽了他能找到的所有职业，业余爱好却始终不变——读历史与人物传记。后来他当上总统后人们才发现，他对世界历史的理解比大多数美国总统都深刻，甚至连富兰克林·罗斯福也比不上他。

战争是杜鲁门政治生涯的转机。在美国正式卷入第一次世界大战前，他已经卖光自己的所有股份，参加了陆军。俄克拉荷马州塞尔堡的军事训练使他兴奋不已。1917年，他终于从密苏里第二野战炮兵团获得了陆军中尉军衔。1918年3月30日，新提升为上尉的杜鲁门乘船在法国登陆。他负责指挥D炮兵连。这是一个出名的因吵闹混乱而不服管理的连队，绰号"Dizzy D"，意即"令人头痛的D连"。没想到，在戴着厚眼镜片的连长治理下，D连变得井井有条，在圣米海尔和阿格尼战斗中的表现十分卓越。杜鲁门也因作战勇敢和管理有方而崭露头角。1919年4月，来不及更多施展的杜鲁门以少校军衔退役。

他真正施展才能是在1945年4月，当罗斯福总统像棵被伐倒的巨树一般轰然倒下之后。因党内力量平衡考虑而出任副总统的杜鲁门接掌总统职权时引来的是一片嘘声。杜鲁门能否和斯大林这样的铁腕人物打交道？能否收拾第二次世界大战最后的残局？杜鲁门行动了，他用《波茨坦协定》表明他能够平起平坐地与斯大林打交道，用投向日本的两颗原子弹证明他能够收拾二战残局。出于对战争史的了解和对军事行动的热衷，前陆军少校杜鲁门成为美国总统中不多见的"动作派"：敢于铤而走险，敢于单干，敢于个人负责。

也就是这个杜鲁门，成为20世纪"冷战"的急先锋。

丘吉尔是"冷战"这个概念的最早提出者，杜鲁门则是该概念最坚决的行动者。1947年，他建立中央情报局，1948年批准"马歇尔计划"，1949年成立北约，1950年6月派遣美军入朝作战，同时封锁中国的台湾海峡。

1950年9月25日，中国人民解放军代总参谋长聂荣臻向美方发出警告："美军过线，中国绝不会置之不理。"对方理都不理，不做任何回答。

10月3日凌晨，周恩来紧急约见印度驻华大使潘尼迦，因为我们跟美国没有外交关系，只好通过印度驻华大使把这些话传到英国，再传到美国，就是"韩军过线我们不管，美军过线我们要管"。潘尼迦知道事关重大，迅速把消息转达。

周恩来为什么在10月3日凌晨两点多约见潘尼迦？因为10月2日晚上政治局做了出兵的决定，10月3日是避免与美国人在朝鲜半岛迎头相撞的最后机会。我们不想跟美国人打这场仗。彭德怀讲了，我们在朝鲜半岛是一军打三军，我们只有陆军，而对方有陆、海、空三军。我们不想打，所以要抓住最后的机会。

消息传到了美国，10月3日下午，美国国务院非正式回复："周的讲话缺乏法律和道义根据。"根本不在意。

10月4日，美国国务院正式回复："不要低估美国的决心。"10月7日，不是麦克阿瑟下令，而是美国总统杜鲁门下令，美军越过

第五章
醒狮——朝鲜战争的鸟瞰钩沉

"三八线",直奔平壤。

10月8日,毛泽东下令:着中国人民志愿军迅即向朝鲜境内出动。

朝鲜战争发生时,新中国刚刚成立不久,百废待兴,国民经济亟待恢复,军队长期作战急需休整,整编复员、边疆剿匪等任务也相当繁重。面对美韩联军向鸭绿江挺进,出兵即出境,即要与世界上最强大的战争机器迎头相撞,我军武器装备落后,缺乏海、空力量,这些弱点将暴露得十分明显。

但在如此困难情况下依然决定用兵。毛泽东提出,出去了,即使被打回来,也说明我们是局内人;不出去,连入局的可能性都没有。这一思维表现出的眼光和胆略令人印象极其深刻。

如果中国不出兵,坐等美、韩军队挺进到鸭绿江边,国家利益就将面临直接且巨大的挑战:一是新的威胁方向突然在新中国的战略后方出现,国力军力会由此受到极大控制;二是东北重工业区由后方变成前沿,会对新中国迅速恢复国民经济造成严重影响;三是如果朝鲜半岛被美、韩军队占领,不但会使我东北三省失去战略屏障,东北重工业区失去相当一部分电力供应,而且朝鲜半岛可能再次变成侵略者入侵中国的跳板。

在毛泽东的战略视野里,战场胜败不是出兵或不出兵的标准,在维护国家安全问题上决不退让、坚决"入局"才是出兵的标准。这就将"跨过鸭绿江"上升到一个更高的战略层面。毛泽东这位伟大战略家的视线,穿越硝烟弥漫的朝鲜半岛,看到了比战场得失更加重要的东西。所以哪怕美国宣布和中国进入战争状态,哪怕美国海军、空军攻击中国沿海地带，轰炸中国城市和工业基地，哪怕新中国刚刚开始的经济建设计划被破坏、民族资产阶级及部分群众对政府产生不满，也阻挡不了毛泽东为了新中国更加长久的安全，一定要"入局"的坚强决心。

这就是"跨过鸭绿江"这一新中国战略决心的根本来源。从志愿军跨过鸭绿江那一刻开始，我们进入了世界体系。

武器首先在"武"

今天,很多人已经不知道当年中国人民志愿军是在怎样的条件下与以美军为首的"联合国军"作战的了。他们或许能记住一两篇描写志愿军的文学作品,对以下这些比任何文学描写都更加震人心魄的数字却不知情。

朝鲜战场上美军一个军拥有坦克430辆;我志愿军最初入朝的6个军,一辆坦克也没有。

美军一个陆军师的师属炮兵有432门榴弹炮和加农炮,还可以得到非师属炮兵同类口径和更大口径火炮的支援;我志愿军一个师的师属炮兵只有一个山炮营,12门山炮。

美军一个步兵师拥有电台1,600部,无线电通信可以一直到达排和班;我志愿军入朝时从各部队多方抽调器材,才使每个军的电台达到数十部,勉强装备到营,营以下通信联络主要靠徒步通信、军号、哨子及少量的信号弹等。

美军运输全部机械化,一个军拥有汽车约7,000辆;我志愿军入朝之初,主力三十八军只有汽车100辆,二十七军则只有45辆。

更难以置信的是，当时我三十八军90%的战斗兵仍在用日军1905年设计的三八式步枪。

空中力量的悬殊更大。当时志愿军不但没有飞机，连防空武器也极端缺乏。面对美军1,100架作战飞机，志愿军当时只有一个高炮团，有36门75毫米口径的高炮，还要留12门在鸭绿江边保卫渡口。最初带入朝鲜的，只有这种旧式的日制高炮24门。至于雷达，一部也没有，搜索空中目标全凭耳听和目视。

抗美援朝，彭德怀是临危受命。当时他以西北军政委员会主席身份到北京，带了一堆汇报西北建设的图纸，准备汇报西北怎么开发农田搞建设，根本没有做出征的准备。开会的时候，他没想到正讨论出兵朝鲜的问题，讨论主要指挥员的人选问题。毛泽东当场点将。结果，彭德怀连家都未回就出征了。当天晚上，他在北京饭店睡不踏实。睡惯了硬板床，睡不惯席梦思，也是事儿太大了，根本睡不着，最后他干脆躺在地毯上。率军与全世界最强大的武装力量较量，需要何等的勇气！出任志愿军司令，对任何一个高级将领都是一个非常大的挑战。

后来侵朝美军总司令李奇微回忆道："我们在北朝鲜上空几乎未遭抵抗。除地面火力外，我们可以不受阻碍地攻击敌补给线。在头一年，对方甚至连防空火力还击也没有。"

当时美国飞机从朝鲜东海岸炸到西海岸，从鸭绿江炸到汉江，连后方大榆洞我志愿军总部都遭到狂轰滥炸，司令员彭德怀差点遇难。在志愿军总部工作的毛泽东长子毛岸英，刚刚出国一个多月，即牺牲于美国空军凝固汽油弹的熊熊烈焰之中。

跨过鸭绿江的中国人民志愿军,就是在这样的环境中顽强作战的。

当时志愿军作战艰难困苦的情况,很多美国人直到现在也并不完全清楚。他们对曾与之对阵的中国军人怀有一种颇富神秘感的尊重。这种尊重是对实力的尊重。从他们的角度看,中国军队的实力更多地表现在排山倒海、坚韧、顽强、奋勇冲杀和不惧牺牲的精神上,他们称之"谜一样的东方精神"。

1950年11月1日,志愿军第三十九军在朝鲜云山与美国陆军第一骑兵师迎头相撞,中美两军第一次交手。

当天战斗是晚上七点钟发起的。七点钟,天已经黑了,双方都轻视了对方,我们以为对方是韩国伪军,对方以为我们是被击溃的北朝鲜军队,双方都小看了对方,摸黑战斗。七点钟开始打,打到十点,双方互有俘获,我们抓了他们的人,他们也抓了我们的人。我们一审,不是什么韩国伪军,而是美国陆军核心主力第一骑兵师。对方一审,也不是被击溃的北朝鲜军队,而是中国陆军核心主力——原林彪第四野战军第二纵队,现志愿军第三十九军。

美国陆军参谋长柯林斯曾回忆说:"骑一师师长盖伊怀着难受的心情,咽下了他在朝鲜战场上的第一杯苦酒。"骑一师自1865年南北战争结束后就是美国陆军主力,在朝鲜战场登陆后更是所向披靡,却没想到在朝鲜云山栽了个大跟头。骑一师师长盖伊回忆对方是一支什么样的部队:对方没有航空火力支援,没有远程炮火支援,他们拿着简陋的日本武器,穿着胶鞋作战。他很奇怪,殊不知,我们能穿胶鞋就不错了。我们拿着简陋的步兵武器,穿插分割动作,如此勇猛,把第一骑兵师两个团切割成数块,全部穿插分割。

当然,我们对美军也留有很深的印象。志愿军第三十九军军长吴信泉回忆:"上了朝鲜战场第一口本来想吃肉的,没想到啃上一块骨头。"要是国民党军队被穿插包围成数块,早都崩溃了,美军还在顽强作战。我们知道马头部队不好打。所谓"马头部队",就是指左肩标上带马头的骑一师。

中美对彼此的尊重就来源于此。双方在战场上交过手,所以有这样的底气、这样的尊重。

2005年,时任美国国防部长的拉姆斯菲尔德访华,他一向对中国充满敌意,且像特朗普一样我行我素。可他在来访期间主动提出要看陆军第三十九军——当年最先与美军交手的队伍,原因即在于此。

当年到过朝鲜的美国军官,在回忆录里都印象深刻地描述了志愿军发起冲锋时"撕心裂肺的军号声"和"尖利刺耳的哨子声"。这些声音一直伴随他们走到军事生涯的终点,甚至生命的终点。

英国战史专家克里斯托弗·钱特评论说:"朝鲜战争对西方世界来说是一场意想不到的严峻考验,它使拥有强大技术优势的盟国几乎抵挡不住。"

我又想到1997年参观美国西点军校时的情景。当时美国驻华

第五章
醒狮——朝鲜战争的鸟瞰钩沉

陆军副官胡柏中校陪同我参观，他是西点军校1978年的毕业生。西点军校的纪念馆内陈列着上甘岭537.7高地和597.9高地这两个模型。胡柏中校指着模型对我说："你们只有两个连守卫这两个高地，而我们七个营轮番进攻，就是攻不上去，这是为什么？"

是的，当年我们守住高地，只有两个连。上甘岭作战，我们极其艰苦。指挥进攻上甘岭的美军将领范佛里特是典型的火力制胜论者，多次以极大弹药消耗量在美军内部创下纪录，被称为"范佛里特弹药量"。43天的上甘岭战役，范佛里特在我军3.7平方公里阵地上倾泻炮弹190余万发、航空炸弹5,000余枚，阵地山头被削低近两米，坑道被打短了5~6米。我军阵地正面全部被摧毁。于是我们就在反斜面挖坑道，美军炮火一停，我们便从坑道里出来，把冲锋的人打下去。

这种拉锯坑道作战非常困难，主要是给养难。好不容易送进坑道些萝卜，发现吃萝卜烧心，不行。志愿军十五军党委把所有经费拿出来，在平壤采购了两万多个苹果。注意：不是两万多斤，是两万多个。

军党委做出决定，谁送进坑道一篓苹果，记二等功一次。一直到上甘岭战斗打完，没有一篓苹果被送进坑道，送果员全部牺牲——美军火力封锁非常严。只有一个弹药员在滚进坑道之前，看到满地滚的都是苹果，随手抓住一个，往怀里一揣，滚了进去。两万多个苹果，只有一个苹果进入坑道。关于上甘岭战役的影片，不少人看过。一个苹果，指挥员、战斗员、伤员，传过来传过去，你啃一小口，我啃一小口，谁都不敢啃多了。

胡柏中校永远不知道中国志愿军是在什么样的条件下作战的、永远不知道中国是怎样的、用什么样的精神状态自立于世界民族之林的！

关于上甘岭战役的电影拍完，1957年公映，公映之前在内部放映。上甘岭战役的指挥者、三兵团副司令王近山看到一半，泪流满面，看不下去了，不能再看，走了。影片再现了当年的战斗场景，太残酷了。王近山就是《亮剑》主人公李云龙的原型。

有人说伊拉克在海湾战争中败在武器上，因为武器水平与美军整整相差了一代，是第三代武器系统与第四代武器系统的较量。那么在朝鲜战场上，中国人民志愿军与美军武器系统的差距又有几代呢？

当人们自觉不自觉地将国与国之间的这种综合力量的较量看成单纯的兵器的较量之时，战争本身就被简单化了。

访美期间，我发现了一个颇有意思的现象：美国军人对中国军人十分尊重。这种尊重不仅出于礼貌或者客套，而且出自他们的内心。美国人自视甚高，能放在眼里的人不多，为什么对中国军人如此看重？

后来，我发现了他们的一个特点：尊重与他们交过手的对手，尤其是那些让他们吃过亏的对手。

美国海军分析中心统计，第二次世界大战结束后，美国对外用兵次数超过240次。其中规模最大的有三次：1950年至1953年的朝

第五章
醒狮——朝鲜战争的鸟瞰钩沉

鲜战争，1961年至1975年的越南战争，1991年的海湾战争。

三场战争，前两场都与遏制中国有关。三场战争中，朝鲜战争持续3年，用兵44万，据美国官方统计，死亡、失踪54,246人；越南战争持续14年，用兵55万，死亡、失踪58,209人；海湾战争用兵44万，43天解决战斗，阵亡146人。

对这三场战争，美国军人自有比较。在为什么失败与为什么取胜这些问题上，他们甚至比现在我们中一些人分析得还要客观。一句话：从美国军人的每一份尊重中，我们都能感觉到那些长眠于战场的先烈为今日中国军人地位的奠基。

聚势，才能获优

当年毛主席就讲过，在朝鲜作战，美国远隔万里，后勤供应是大问题；我们离得很近，几百公里，这是我们的优势。结果对方凭借现代化输送装备和机制，加上依托在日本等东亚地区的军事基地，感恩节还给前线供应火鸡；我方的供应线虽然只有几百公里，但被对方的"绞杀战"实施空中封锁，前方粮弹、被装供应都很成问题，不得不"一把炒面一把雪"，甚至一些部队因冬装在输送过程中被炸毁，导致官兵冻死冻伤。

朝鲜半岛大部分地区为高山和深谷。北部是咸境山脉、狼林山脉和盖马高原，海拔2,000米以上的山峰有60多座。东部是从北向南延伸的平行山脉。南部是白山山脉和芦岭山脉，全境不但多山，而且植被茂盛，森林和灌木林占3/4。这些看似恶劣的环境，对志愿军而言变成了有利条件，因为地貌起伏的山地形成了大量天然障碍和死角隐蔽区，茂密的植被有利于军队隐蔽行动和达成作战的突然性。

相反，这样的环境给武器先进的敌手制造了无穷无尽的麻烦。

第五章
醒狮——朝鲜战争的鸟瞰钩沉

"联合国军"司令李奇微最初以美第八集团军司令的身份踏上朝鲜土地后，印象深刻地评价道："这一带的地形看上去对机械化部队的士兵是不合适的。石峰高处离地6,000英尺，山崖像刀锋一般，坡度极陡峭，狭窄的山谷如蛇般蜿蜒曲折。公路不过是些崎岖小径，较矮些的丘陵则为灌木松林所覆盖。对于一个善于隐蔽的士兵来说，那就是最好的掩体。这是一个适合打游击的地方，是靠双脚行军的中国步兵理想的战场，而对我们靠轮子走路、受道路限制的军队来说简直糟糕透顶。"

原以为是对方的劣势的，对方反而在这个领域展现出优势；原以为是我方的优势的，我方反而在这个领域出现很大问题。

比如，在抗美援朝第五次战役中，志愿军第三兵团六十军一八〇师遭受严重损失。原因很多，有我方作战规律被敌方摸透的因素，有指挥失误的因素，有部队没有战斗经验的因素，当然也有滥用优势的因素。指战员把打国内战争的老办法机械地搬到朝鲜战场上，把强大的突击力量与兵力数量等同起来，采用了蜂拥而上的人海战术，造成部队惊人的伤亡，最后导致全师溃散。

战争的奇妙与残酷之处，就在于优势与劣势的互换。

我们还有一个巨大的"势能"不得不提，那就是来自苏联的支持。

苏联对中国的支援是巨大的。整个抗美援朝战争期间，苏联政府向中国提供了64个陆军师、22个空军师的装备，并提供了使用这些武器装备的必要训练。入朝之初，我志愿军4个军、3个炮兵师不过600辆汽车，加上新编的两个汽车团共计1,300辆，结果入朝第一个月就损失600辆，在前三次战役中损失达1,200辆之多。

三十八军100辆运输车，入朝20余天只剩下6辆车可用；二十七军45辆汽车，7天后即损失39辆。武器弹药送不上去，被装送不上去，最后连前方部队的粮食供应也发生严重问题。

关键时刻，斯大林决定为中国人民志愿军紧急提供汽车3,000辆。1950年11月9日，毛泽东致电前方心急火燎的彭德怀、邓华并告高岗："……苏联汽车不久可到第一批。损车虽多，是可以补充的……故汽车是完全有办法的。"到1950年12月31日第三次战役发起时，志愿军的运输汽车又增至2,000辆。没有这样的支援，很难想象中国人民志愿军如何能够长驱直入推进到"三七线"，占领汉城。

空军的装备和训练更加重要。至1950年年底，我军已经形成8个航空兵师的规模。苏联不仅提供了这8个航空兵师的全部装备，斯大林还拿出了刚刚装备苏联空军的米格-15战斗机来装备志愿军空军。1950年11月15日，毛泽东致电斯大林，对苏联给中国补充两批共120架米格-15战斗机表示感谢。1950年年底至1951年4月，在苏联帮助下，空军又组建了9个航空兵师。

世界上恐怕没有哪个国家的空军能以这样的速度发展。美国报纸评论说中国"几乎在一夜之间成为世界空军强国"，如果没有苏联在装备和训练方面的强有力支援，就不会有这种可能。

在向中、朝军队提供装备和训练的有力支援的同时，苏联空军

第五章
醒狮——朝鲜战争的鸟瞰钩沉

的首批参战部队于1950年年底进驻中国东北安东机场。选调来的都是尖子飞行员。1950年11月15日，毛泽东致电斯大林："苏联飞行员在空中表现出了英勇气概和强大威力，他们在最近12天内，击落了23架入侵的美国飞机。为此，我向他们表示谢意。"

1951年1月10日起，苏联更以两个空军师的兵力，掩护清川江以北我志愿军的运输线，建立了著名的"米格走廊"，使清川江以北100余公里的运输线有了空中保障。

据战后苏联方面统计，苏联空军在朝鲜上空共击落美国飞机约1,300架，200多名苏联飞行员在空战中阵亡。

当然，美国也是"识势"的。

朝鲜战争期间，远东美军统帅麦克阿瑟强烈主张以海军封锁中国沿海，袭击中国东北的重工业基地，甚至不惜动用核武器，他的观点在军界十分普遍。一时间，扩大朝鲜战争的舆论在美国甚嚣尘上。

杜鲁门总统怒气冲冲，否定了麦克阿瑟的意见："他炸了中国的城市以后，苏联的物资仍将源源而来，如果要贯彻到底的话，他第二招就得轰炸海参崴和横贯西伯利亚的铁道。"

美国决策层的考虑是，轰炸中国东北的工业和军事基地需要美国空军付出极大的投入和代价，这样美军不但无法应付苏联在世界其他地方的挑战，而且会给苏联报复性袭击美国在韩国和日本的基地提供借口。就算东北的基地受损，中国仍可通过西伯利亚铁路接受苏联的军事补给和援助。问题是，美国要用炸毁西伯利亚铁路来消除中国的战争能力，无疑就是直接与苏联对抗，这会引发第三次世界大战的。所以，参谋长联席会议主席布莱德雷说："如果全球战争爆发，我们也许有输的危险。"

如果美国在朝鲜战场上使用原子弹，同样会引发一场双方互掷核武器的竞赛，美国军队有遭受苏联核武器袭击的危险。

美国决策层的这些观点综合在一起，就是1951年5月14日参谋长联席会议主席布莱德雷对国会说出的那段名言："如果把战争扩大到共产党中国，就会把我们卷入一场在错误的地方、错误的时间和错误的敌人进行一场错误的战争。"

这位五星上将一口气用了四个"错误"反驳麦克阿瑟。他不便公开说出麦克阿瑟所犯的一个最大错误，那就是麦克阿瑟认错了主要对手。他只看到朝鲜背后的中国，没有看到中国背后的苏联。而美国的主要对手是苏联，不是中国。美国的战略重点在欧洲，而不在亚洲。

朝鲜战争极大地分散了美国在欧洲对付苏联的力量。美国最坚定的盟友英国激烈反对扩大朝鲜战争、激烈反对在朝鲜动用核武器，主要原因也是在此。

朝鲜战争使美国历史上第一次接受了"有限战争"这个概念。所谓"有限"，并不是指单一方面力量的有限，而是在综合因素制约下，各方所能采取的措施和使用的手段受到的限制。当志愿军空军以中国东北的机场为基地出动到朝鲜作战时，美国空军也无可奈何，不敢像麦克阿瑟鼓吹的那样"穷追"，进入中国领空作战。美国人从空中信号中截听到有苏联飞行员参战,仍然无可奈何,也只有保守秘密,不敢对国内舆论公布。这是美国人不得不吞下的苦果。

在世界战争史上,与一个强国对抗,不获得大国的支持是不可能的。一个拥有巨大军事潜力的中国站在朝鲜背后,一个拥有核武器和所有现代战争手段的苏联又站在中国背后,成为朝鲜战争最后结局的关键因素。

战将必须重战

打仗，实质是"打将"。谈朝鲜战争，不能不讲美国的李奇微和志愿军的韩先楚。

说李奇微，就要先提美国堪萨斯州的利文沃斯沙漠里面的美国陆军指挥与参谋学院。

外行人都知道美军的西点军校，但美国陆军的核心不在西点，而在利文沃斯。那里的陆军指挥与参谋学院以要求严格、纪律严酷著称，军官之间竞争十分激烈，平均每年有一位学员自杀，以至于陆军部曾想关掉这所学院。这是一所魔鬼学院，训练太严格、标准太高，学员受不了，总有人自杀。利文沃斯也正是因为严谨，培养出一批优秀军官：马歇尔、艾森豪威尔、麦克阿瑟、施瓦茨科普夫、彼得雷乌斯，当然也有李奇微。可以说，美国的名将几乎全部来自利文沃斯。

李奇微是个给我们志愿军带来严重损失的家伙，被西方称为"朝鲜战争中挽救了联合国军"的人。他把我军琢磨透了，其训练就来自利文沃斯。

第五章
醒狮——朝鲜战争的鸟瞰钩沉

1950年12月,李奇微接任美第八集团军司令兼"联合国军"地面部队司令,正值以美军为首的"联合国军"全面败退之时。当时麦克阿瑟预言,如果不用原子弹,就顶不住志愿军攻势,只能退出朝鲜半岛,撤到日本。

李奇微在回忆录中记录了当时部队的狼狈情形:站在吉普车上拿自动步枪朝天开枪,也无法阻止韩国军队狂潮一般的溃退。他截住一个韩军指挥官,让其立即阻止后退。该指挥官说,中国人来了,赶紧跑吧!李奇微也没有办法,制止不了。他后来在回忆录中说,这些韩国军人把中国人看成天兵天将,吓破了胆。于是,他开始琢磨我军作战特点。当三组数据被放在一起比较研究的时候,问题就被他发现了:

1950年10月26日到11月2日,美军遭到大规模伏击,历时8天(我方称第一次战役)。

1950年11月25日到12月2日,志愿军第二次猛烈攻击美军,历时8天(我方称为第二次战役)。

1950年12月31日到1951年1月8日,志愿军攻击到汉城"三七线",历时8天(我方称为第三次战役)。

李奇微发现了志愿军的作战特点:攻击时间都是8天,不会持续时间很长。为什么会这样?为什么志愿军进行的都是"礼拜攻势"?他进一步分析情报资料,发现志愿军后勤保障能力差,装备落后,官兵随身携带3天粮弹,人挑肩扛牲口驮的简易后勤再保障三四天,总共也就维持7天左右,只能发动礼拜攻势。

在这一分析基础上，李奇微制订出针对志愿军的"磁性战术"：当志愿军进攻时，美军后退，尤其到了晚上，一定要退到与志愿军保持25~30公里距离的阵地，这是一晚上的行军距离。志愿军为避免美军空袭，基本都是晚上发动攻击，这已经成为规律；当志愿军经过一夜行军到达美军阵地前，天已放亮，美国空军就可以出动了，志愿军陷于被动，这就是所谓的"磁性战术"。打到第六天、第七天时，志愿军粮弹将尽，以美军为首的"联合国军"果断反扑，大胆向纵深攻击，抓住志愿军粮弹不济的困难时刻，破解了"礼拜攻势"。

后来果然就是这样，第四次战役、第五次战役我们都吃了李奇微"磁性战术"的亏，原来规划的第六次战役随后也未再进行。

这是一个特别难缠的对手。他始终在悉心研究你，仔细琢磨你，寻找你的弱点在哪里，然后有针对性地下手。我们要特别注意李奇微这类对手。当时美军若没有这样的将领，恐怕难以扭转朝鲜半岛的战局。

关于韩先楚将军，虽然对他的宣扬不是很多，但在1955年我军授衔的上将中，他的作战效能最为突出。许世友讲过，最佩服韩先楚。

1950年海南岛战役，如果没有韩先楚"一意孤行"的决心，现在哪里会有什么海南国际旅游岛开发啊，至于到海南买房子、到三亚晒太阳，更是空谈。

海南岛战役，是一盘险棋。当时如果我们不能及时打下海南

第五章
醒狮——朝鲜战争的鸟瞰钩沉

岛,朝鲜战争一爆发,美国人割断的绝对不仅仅是台湾海峡,还包括琼州海峡,那么到今天,我们首先要解决的可能就不是台湾问题了,而是海南岛的问题。

多亏韩先楚这样的战将积极求战,多亏毛泽东、林彪对这一风险作战方案的有力支持,新中国避免了一场几乎难以避免的灾难。具体过程是这样的:

1950年1月10日,毛泽东在莫斯科访问时,曾给海南岛前线的指挥员发电,下令争取春夏两季解决海南岛问题。海南岛问题原定在春节以前解决,但后来鉴于攻击金门失利、三野攻击登步岛失利的两次损失,我们认识到了陆上作战与跨海登陆作战的完全不同。所以,为了保险起见,毛泽东下令推后海南岛战役,争取在1950年春夏两季解决。毛泽东的指示下发以后,2月1日广东军政委员会开会,要求战争发起时间推迟至6月。这实际上是在向前面一个极大的危险靠近了:当时我们谁也不知道6月25日朝鲜战争要爆发。

当时负责攻击海南岛的十五兵团是韩先楚的四十军和李作鹏的四十三军,但两军采取了完全不同的动作。李作鹏回去后,向全军传达了战役发起时间推迟的决定,然后时间表也跟着推迟了。

韩先楚回去却违反规定,把推迟作战指示压在军里,要求部队依照原定计划3月底前完成作战准备,说,不告诉他们,不然都松懈了。

2月9日,十五兵团致电军委,"争取1950年完成任务为原则",即准备推迟到年底;同时认为靠木船是打不了海南岛的,所以电报后面特别附了一段:"我们意见,以购买登陆艇为好,争取买100艘,可能则买200艘,每艘平均20万港元,共4,000万港元";"渡海作战为新问题,困难很多,但还有办法,目前主要是钱的问题"。

但韩先楚认为不是钱的问题,用木船也可以打海南岛。3月20日,韩先楚致电十五兵团及四野司令部:"主力登陆作战估计无大问题。"主动请战。为什么要这样?因为木船打海南岛要靠4月份的季风,那是顺风顺水,一旦错过,就只有等9月份的季风了,间隔五个月。韩先楚觉得不如及早行动,否则夜长梦多。

但没有人推动。毛主席要求推迟,四野司令部的林彪同意推迟,广东军政委员会的叶帅要求推迟,十五兵团司令邓华要求推迟,四级领导在上面,韩先楚一个军长说要打就打了?电报上去不见回音,无人理睬。

3月31日,韩先楚以四十军党委名义致电十五兵团,"大规模渡海作战条件已经成熟",照样没人理睬。到4月7日再发电报的时候,四十军政委都不愿与他联署名字了,韩先楚自己署名,分别致电十五兵团、四野、军委,要求立即发起海南岛战役,"如四十三军未准备好,愿率四十军主力渡海作战",以四十军一个军也要把海南岛拿下来。

韩先楚求战之心可谓咄咄逼人。

韩先楚当时是在一种什么样的情况下积极求战呢?不是像今天

第五章
醒狮——朝鲜战争的鸟瞰钩沉

拍电影一样，全军将士欢呼雀跃，搞决心书、誓师会，当时部队不愿意打的情绪、畏惧渡海作战的情绪已经很强烈了。新中国刚刚成立，很多部队领导都改到地方出任各级领导，过稳定日子了，四十军还在打仗。个别人甚至说："韩军长，我们这回可是要跟着你革命到底——革命到海底了！"当时不但一般干部战士出现动摇，军参谋长都以自伤这种方式回避渡海登岛，在大战前被撤销职务。

韩先楚就是在这种情况下积极主战，强烈主战，反复求战，力排众议，先说服林彪，再通过林彪说服毛主席，最后促使军委下决心。这真正体现了指挥员的最高素质：强烈的吞掉敌人的企图心。

4月10日，中央军委下达大举强渡作战命令。

4月16日，海南岛战役开始。第一拨上船、第一拨登岛的军事主官，就是十五兵团副司令兼四十军军长韩先楚。就在登船时，有的团干部说忘带了东西，有的说下去上个厕所，下船后一去不归，到出发的时候也不见他们回来。越是看到这种现象，越能知道韩先楚这样的主官坚决求战、率先登岛的精神是多么可贵。

5月1日，海南岛全境解放。

6月25日，朝鲜战争爆发。

6月27日，美国第七舰队隔断台湾海峡。

这是多么危险的历史节点。如果到了6月25日海南岛还打不下来，第七舰队很可能还要隔断琼州海峡，中国的两个大岛都将被美军割断。

海南岛解放之后，朝鲜战争爆发。1950年10月，韩先楚加入志愿军，参加抗美援朝。第二次战役中，率领志愿军三十八军穿插三所里，合围美第八集团军的，就是志愿军副司令员韩先楚。第一次战役三十八军穿插不到位，彭德怀骂了三十八军军长。第二次打穿插时，三十八军下决心打个翻身仗，彭德怀派志愿军副司令韩先楚率队穿插，迫使美第八集团军军长沃克中将翻车身亡。沃克是美军著名将领，曾在欧洲战场出任第四装甲军军长，以迅猛强悍出名，获得"猛狗"称号。朝鲜人民军说沃克是他们的游击队打死的。但根据美国人的回忆，是志愿军追得太紧、太猛了，美军紧急撤退时吉普车被挤翻沟里，沃克翻车摔死。

后来很多人采访韩先楚，请他讲作战体会、制胜要点。韩先楚文化水平不高，没有任何理论羁绊，讲得非常实在，他说全部经验就是一句话："对手不知道我的厉害！"

抗美援朝结束后，毛泽东让韩先楚到福州军区当司令，他不愿意去。福州军区部队都是三野的，而韩先楚是四野的，他觉得不熟悉，部队不好指挥。但毛泽东一定让他去，意思也很明白：就是要台湾方面看一看，打下海南岛的那个人，现在到台湾岛对面的福州军区当司令了。

我们今天一说威慑，想起来的就是各种武器装备。毛泽东当年不全是这样，他同时也是把杰出的指挥员作为威慑武器使用的。

美国军事史专家沃尔特·赫尔姆斯在其著作《朝鲜战争中的美国陆军》中写道："从中国人在整个朝鲜战争期间显示出来的强大攻势和防御能力之中，美国及其盟国再清楚不过地看出，共产党中国已经成为一个可怕的对手。它再也不是第二次世界大战时那个软弱无能的国家了。"

从历史长河中看，中国人走向民族复兴是从跨过鸭绿江那一刻开始的。敢于和世界上最强的国家较量，还能战而胜之，成为长期被视为"东亚病夫"的这个民族走向民族复兴的关键心理支撑点。

第六章 利益——
中国崛起征途中的博弈较量

真正的大国必须维护国家利益。纷繁复杂的国际形势，云谲波诡的周边环境，风云变幻的中美关系，日新月异的科技发展，是机遇，也是挑战。

新中国的诞生,让中华民族终于在政治上摆脱了颓势。跨过鸭绿江,让中华民族在军事上摆脱了败势。改革开放,让中华民族在经济上扭转了劣势。

随着中国国力增强,经济、国防力量各方面都有显著增长,欧美强国乃至不少亚太国家,都将崛起的中国视作威胁。在这个复杂多变的国际环境中,如何有效应对挑战,实现发展,完成"两个一百年"使命,是21世纪我们必须完成的艰巨任务。

利益观，观利益

1989年，新中国成立40年，我们的《辞海》里关于"国家"的词汇有国家元首、国家制度、国家计划、国家机关、国家机器、国家权力、国家预算等20个词条，但没有收入"国家利益"这个词。直到1999年新中国成立50周年前夕，《辞海》才新加进"国家利益""国家安全"这些词。

这一现象揭示了我们的短板。

中国人长期以来最重关系，觉得没关系什么事都干不成。还有一个就是大局。当我们维护中美关系大局、维护中日关系大局的时候，其实美国人、日本人并不知道我们说的大局是指什么。他们都在维护他们的利益。其实我们讲的大局就是别出事，双方平平安安的，顺顺畅畅的，和平交往，这就是大局。而人家想的是维护利益，没出事时要维护利益，出了事也要维护利益。

国家之间的关系充满变数，最终取决于各国力量的此消彼长和国际大势的发展变化。国家与国家之间的关系好坏永远是相对的，只有国家利益是永恒的。

什么是国家利益？国家利益，我们简单用一句话讲，就是保障国家生存、独立发展、尊严的全部物质条件和精神条件的总和。对国家利益，不同的国家有不同的理解和不同的描述，你的利益可能跟他是相悖的，也可能是相向的。

比如墨西哥。特朗普特别着急修建美墨边境墙，把墨西哥给封住，是因为墨西哥的毒品老往美国流。当地的非法贸易，主要是毒品贸易。

墨西哥人却不这么看。

2016年，墨西哥的国防部部长西恩富戈斯访问北京，与我方会谈时，其观点就与美国人完全不同。美国人把墨西哥说成黑社会贩毒，都往美国跑。西恩富戈斯是怎么描述的？西恩富戈斯说："墨西哥今天非常难，我们北面是全世界最大的毒品消费国，我们南面是全世界最大的毒品生产国，你说我们怎么办？"西恩富戈斯充分阐释了墨西哥的国家利益。这就是不同国家对不同国家利益的理解。

美国发生了所谓的斯诺登泄密事件，斯诺登曾在香港待了一段时间，后来跑到俄罗斯去了。斯诺登讲，美国政府通过代号为PRISM的监控项目，直接通过微软、谷歌、雅虎、苹果、脸书等科技公司，广泛搜集全世界的信息。

斯诺登披露的监控地图，我们都看不大懂。监控级别最高的红色区域，包括伊朗、巴基斯坦，还有叙利亚。第二类橙色区域是印度、埃及。为什么对印度的监控级别比对中国的还高？我们不知

第六章
利益——中国崛起征途中的博弈较量

道，得去问美国人。第三类级别是中国、德国。德国是北约成员国、欧盟核心，对德国的监控级别与对中国的监控级别一样。默克尔总理的手机被监听，前总理施罗德的手机也被监听。法国总理奥朗德得知他的手机也被监听后，非常气恼地给奥巴马总统打电话询问，奥巴马回答奥朗德总理："我向您保证，现在没有监听你的手机。"奥朗德对法国国会讲，奥巴马总统的讲话表明他们以前一直在监听！

德国、法国都是美国的盟友，美国这样做是为了什么呢？为了美国的国家利益，必须要看它的这些伙伴都在干什么、想什么，尤其是德国。德国是欧盟的核心，经济最发达，今天欧盟各国几乎都欠德国的钱。美国人觉得，如果欧盟将来不听话，肯定是德国人从中作祟。今天我们很多人以为我们与美国的分歧仅仅是意识形态的分歧。其实，美国以维护自身利益为出发点衡量、观察世界的时候，其出发点早已超出意识形态、社会制度等方面。

斯诺登披露的是网络监听，而阿桑奇解密的是美国外交人员与各国的外交文件，2010年、2011年集中解密了一批文件，2010年、2011年集中释放了一批涉及中国的外交密件。

目标人群有大学教授、社科院学者、政府官员、企业家、电台记者、节目主持人、报纸编辑、律所律师、喇嘛、活佛、牧师等，主要来源是驻北京使馆、驻沈阳领馆、驻上海领馆、驻广州领馆、驻成都领馆。我们中间一些人想到美国学习，想到美国访问，想到美国做访问学者等，美国人就利用这一点收集情报，美国人根据他们提供情况的级别分类：长期提供很有价值的情况，他们在这样的人的名字后面加一个 Protect（保护），这个人就被列入美国保护范围；长期提供非常有价值的情况，他们在这样的人名字后面加上双后缀 Strictly Protect（严格保护）。

1991年12月苏联解体前夕，戈尔巴乔夫、叶利钦指示国家安全委员会主席巴卡京将美国驻莫斯科大使施特劳斯请到安全委员会，把克格勃安装在美国大使馆窃听器的分布图并附带技术说明书一并交给施特劳斯大使，向美方友好坦诚地表示：今后大家都一样了，再也不搞这个了。

但是让俄罗斯人耿耿于怀的是施特劳斯大使接过资料时说的两句话。第一句话："非常赞赏你们的做法"，即"你们干得非常好"。第二句话："我方不会同样去做"，即"我们不会把中央情报局安装在你们大使馆的窃听装置交给你们作为回报"。美国人还要听，还要听已经完全按照美国人的要求去做的戈尔巴乔夫、叶利钦等人今后要干什么。

当年戈尔巴乔夫的"新思维"就是提全人类利益，不提苏联利益、俄罗斯利益。今天戈尔巴乔夫已经变了，拥护普京采取行动收回克里米亚。戈尔巴乔夫觉得他被西方欺骗了。北约东扩，他当时与老布什签订条约，白纸黑字，以德国边境为最后界线。今天北约扩张到哪里了？波兰、罗马尼亚、匈牙利、波罗的海三国。东扩到了这种地步，这是国家利益使然，俄罗斯当时不理解。当然，他们现在很理解了，他们也是这样过来的。

第六章
利益——中国崛起征途中的博弈较量

再说说俄罗斯和中国。

2009年，中国货船"新星"号在俄罗斯的纳霍德卡附近海域被俄罗斯军舰开火击沉，船上10名中国船员中有3人失踪，其他7人获救。

俄罗斯外交部反复发表声明讲，俄罗斯边防军人的行为是合法的。这次开火炮弹打了500多枚，如果是警示性的射击，用得着这么多炮弹吗？而且沉船之后，有我方船员落水，俄方以风浪太大为由不及时抢救。该事件引起世界舆论的广泛关注。

2012年7月，俄罗斯边防巡逻艇在俄罗斯专属经济区向越界捕捞的中国渔船开炮，并在追赶的过程中与渔船发生碰撞，造成1名中国船员失踪。对此，俄罗斯联邦安全局东北边防局表示，俄方采取的行动属于合法行为。

这是俄罗斯国家政策中——就我们中国来看——非常怪异的地方。因为这个时候中国和俄罗斯正在国际大格局上进行一些有效的配合。比如上海合作组织，双方合作得非常好，包括在叙利亚问题上，双方合作得也不错。况且，2011年8月，中国人民解放军总参谋长访问俄罗斯，与俄联邦武装力量总参谋长共同商定，于2012年举行海上联合军事演习，并签署了演习备忘录。想想20世纪50年代初期，也就是中苏同盟时期，毛泽东曾经激烈反对与苏联搞联合舰队，而今中国和俄罗斯太平洋舰队在黄海海域举行大规模的海上演习，已经说明中俄双方的关系发生了巨大的变化。

现在俄罗斯采取这些行为，让中国人感到非常不理解。如此粗暴地执法，而且对准你的一个重要朋友，这从我们中国人的感情上来说是难以理解的。这些涉及俄罗斯民族的性格和行事的方法。俄罗斯就是这样，并不像我们一样，要求全国保持一致，中俄友好，中俄合作，然后所有中国人都对俄友好。俄罗斯并不是这样，边境有边境的做法，在联合国有联合国的做法，他们是截然分开的。

对这一点我们不适应，但这就是国际政治，我们有必要适应，我们要学会用这样的手段。国家利益就是国家利益，个人感情、领导者之间的感情归感情，利益归利益，在利益面前，任何人都不会让步。

所以，从这个角度也看得出来中国和俄罗斯关系的复杂性。我们在有些问题上是一致的，在有些问题上我们是合作的，在有些问题上我们也不是一致的。

从这一点来看，我们对中俄关系应该持一个比较冷静的看法。中国和俄罗斯在某些问题比如说在叙利亚问题上进行了有效的合作，这是国家利益使然。

我们一定要记住邓小平讲过的这句话：以自己的国家利益为最高准则来谈问题和处理问题。这是中国外交政策的根本出发点和归宿点。

今天，中美进行战略对话，我们要确保中美关系长期健康稳定、向前发展，很重要的一条是相互理解，尊重和支持对方，维护自己的和平。我们是很善意的，但是不能一厢情愿。我们要求双方一定要相互理解、尊重对方的核心利益。我们尊重美方的核心利

第六章
利益——中国崛起征途中的博弈较量

益。但是，美国为什么反复挑衅我们的核心利益，在台湾问题上，在南海问题上，在东海问题上，包括支持在韩国部署萨德，包括支持"疆独""藏独"。

我们有一位官员说："要顾及别人对我发展的感受和反应。中国稍有不慎，就会成为其他力量打压中国的口实。我们现在是无处说理，有口难辩。"我想，他肯定不知道泰戈尔对西方的一句概括。

泰戈尔在《民族主义》中写道："冲突与征服的精神是西方民族主义的根源和核心，它的基础不是社会合作。"

"中国稍有不慎，就会成为其他势力打压中国的口实，我们现在无处说理，有口难辩"，如果长期抱持这样的心理，怎样支撑国家发展？我们凭什么为自身的发展对别人充满歉意？什么叫国家利益？就是不惜以军事手段捍卫、不惜通过战争来捍卫的利益。以前美国人总是问我们："你们的核心利益到底是什么？"我们大多数人都不太清楚。

2011年9月6日，国务院发表的《中国的和平发展》白皮书，第一次展示中国国家核心利益，有六项：

一、国家主权；

二、国家安全；

三、领土完整；

四、国家统一；

五、中国宪法确立的国家政治制度和社会大局稳定；

六、经济社会可持续发展的基本保障。

这六项作为中国国家核心利益。

中共十八大以后有一个非常大的变化，就是在利益观上表现得十分突出，坚决维护中华民族的利益。外交部部长王毅在德国讲话：朝鲜半岛百分之一爆发战争的可能性都不行，朝鲜半岛不是中东。

我们今天在维护利益上的表态比过去清晰得多，坚决得多，不再含混，清晰地表达出了自己的国家利益观。

2018年，南海海域发生了美舰"迪凯特"号和中国海军170舰的海上对峙。两舰最近时只相距41米，几乎撞上。后来美舰紧急规避，掉头离开了。因为它进入我们的权益范围，我们挤压它，把它逼开了。

后来很多人问：撞上去了怎么办？我说，你的问题很好，撞上去了怎么办？双方都问问撞上去了怎么办，就撞不上去了。如果只有我们中国人考虑撞上去了怎么办，美国人不考虑，那就一定会撞上去。这样今后就都会考虑如何不撞上去了，而不是单方考虑。

后来美国人提供了他们空中拍摄的图片，我们才知道我们海军官兵如此英勇，如此地逼近美舰，把它逼退了。我们的发言人只是淡淡地讲了一下：美舰进入南海有关海域，我方出动海军舰艇驱离。然后发言结束。就这样简简单单一句话，隐含了多少一线官兵的英勇斗争。

这就是维护权益，我们必须得做到这一步。

安全有大小，能力分高低

我们平常讲的安全是人身安全，国家安全是指大安全。国家安全，对我们来说并不是非常熟悉。国家安全观是什么？是国家民族的大安全。

从这个角度讲，"和平"与"安全"是两个容易混淆的概念。很多人觉得，和平，不打仗，那就安全了，根本不是这样。低质量的和平来自丧失安全，只有高质量的和平才等同于安全。所以说，和平不能简单地等同于安全。

和平是什么？无对抗，无纷扰。安全是什么？无威胁，无侵害。两者内容完全不一样，安全也可能有威胁，能够有效地应对威胁也是安全。和平，不打架就可以。对方步步紧逼，我步步后退，那不就是和平吗？打不起来——他想打，我就不想打，那就和平。安全呢？为了维护我的利益，我也得拿出拳头来，这就是安全。

克莱因曾长期出任美国中央情报局副局长，在任时毫无建树，退休后搞了"克莱因方程"，这使他享誉全球。我们国内一些研究机构进行过很多国力计算方程的设计，细到人的受教育程度、人均收入全被包括进去了，我说，你全包进去也不如"克莱因方程"一目了然。在"克莱因方程"中，国力等于什么呢？等于硬实力乘以软实力，这就是国力。注意，该公式揭示了软实力是国力的倍增器。就数学来说，任何实数乘以0，都等于0。如果国家战略加国家意志等于0，资源、经济力、军事力再强，结果也等于0。如果国家战略加国家意志大于1，它就是国力的放大器；如果小于1，它就是国力的衰减器；如果等于0，它就是国力的终结器。

"克莱因方程"最有意思的地方就在这里。很多人一讲实力，就讲有多少资源、国民生产总值怎么样、有多少钱、有多少武装力量、有几艘航母、有多少架作战飞机等等。一定不要小看国家战略和国家意志，如果这些主观的东西弱，它们会使国力极大地衰减，甚至为零。这就是一个国家完整的国力、一个国家的战略能力。硬实力乘以软实力，就等于国家的战略能力。

举一个很现实的事例。克林顿当选总统时讲过这样一句话："每当发生危机的消息传到华盛顿，我们每个人第一句话就是：ّWhere is the nearest carrier？'（离出事地点最近的一艘航空母舰在哪里？）"

美方一旦出了事，他们不会想到外交部草拟抗议声明，不会想到联合国召开谴责大会，他们首先会想到的是，我的打击力量在哪里？我的报复力量在哪里？就跟用59枚巡航导弹打叙利亚一样，还没有任何证据证明叙利亚使用了化学武器，美国就先打。理

第六章
利益——中国崛起征途中的博弈较量

由就是美国认为叙利亚使用了化学武器。克林顿的"Where is the nearest carrier？"实际上就是这种美式思维方式。这也非常好地诠释了"克莱因方程"，航母可以说就是资源力、经济力、军事力的结合。"Where is the nearest carrier？"就是国家战略、国家意志的体现，这就是国力的体现。

国家安全是国家利益的首要和必然。大国必须有与之相应的大国安全，才能维护大国利益。

今天尤其要看到，我们的安全再也不是新中国成立初期的安全了，也不是改革开放初期的安全，安全结构整体上发生了变化。变化是因为什么？

是经济结构变化导致国家安全结构的变化。一方面，我国经济总量急剧增长，国内生产总值在1978年达3,600多亿人民币，2019年超过99万亿人民币。其中一个更主要的增长是什么呢？进出口贸易在国内生产总值中所占的比例。1978年，我国进出口贸易只占国内生产总值不到10%，这就是说，如果封锁我国的港口，封锁海上运输通道，对我们影响不大，我国是个自给自足的经济体，有自己的资源，有自己的市场、自己的产品，并且自己销售。

2019年呢？我国进出口贸易总量已占到国内生产总值30%以上。超过30%的国内生产总值通过进出口贸易实现，绝对不能容许我国海外经济循环链被斩断。例如，2019年我国70%以上的石油依赖进口，也就是说，每三辆在加油站加油的车中，有两辆用的是进口石油。这个指标到2030年会变成80%，每五辆加油车中，四辆用外国油。而我国接近60%的机电产品依赖出口。进出口大循环链形成了中国经济的外向型特点。

在新中国成立初期，守好领土、领海、领空，敌人只有四面八方地进攻，才能斩断我国北煤南运、南粮北调、西电东送这样的国内经济循环链。今天根本不用这样做了，在马六甲海峡、在巽他海峡"做手脚"，就有可能斩断我国的经济循环链。因为我国的经济循环链由国内延伸到国外去了。所以今天新生成的利益，必须用以保护日益扩大的经济活动空间。我们必须保护海上运输通道的安全，海外资产的安全，海外资源市场、产品市场的安全，海外侨民劳工的安全，外层空间电磁频谱的安全和我国应有的海洋权益，全新的安全问题出现了。

这一类安全问题，毛泽东基本没有面临过，邓小平也没有面临过，我们今天面临的是全新的安全问题。我们为什么要到亚丁湾去巡航？我们原来讲我们是社会主义的海军，我们只要维护近岸、近海的安全就行了，现在去亚丁湾巡航，为什么？

现在，我们一年有3,000多艘货轮通过亚丁湾，高峰期达到4,000多艘，我们能够等到被劫持了，再去交赎金把它赎出来吗？当然不能！所以必须保护海上运输通道的安全，在远端保护中国的发展利益，于是全新的问题出现了。

所以，我们建设了第一个海外基地——吉布提奥巴克基地。我们不是要称王称霸，而是为了做一个负责任的大国。中国必须有海外支撑点，这是中国国家利益的诉求、国家安全的诉求。

第六章
利益——中国崛起征途中的博弈较量

如果放在以前，我们海军到亚丁湾巡航肯定会被认作"中国威胁论"大幅度的翻版。现在因为有了索马里海盗，美国呼吁我们去，北约呼吁我们去，我们就去了，跟他们都开展合作。这是多好的机遇呀。前出亚丁湾，是我们前所未有的机遇，而且随着前出亚丁湾，促使军事力量结构发生了一系列的改变，包括前边提到的海外建军事基地的问题。

以前一说中国政府对外声明，就说永远不在海外建军事基地。我们是唯物主义者，唯物主义者就要认识到事情永远在不断地变化。

中国要做负责任的大国，怎么负责任？就如一个家庭，修一扇防盗门不让别人进来就可以了，只管家里的事，门外别人打得头破血流，我都不管。现在不行了，不光管家里的，还要打开防盗门走出去，在门前打架不允许，在楼道里打架不允许，在社区打架不允许，要走出去对社区负责了。所以我国要建海外军事基地，这不是扩张，而是中国要履行国际义务，要与联合国常任理事国大国地位相符。所以，我们要建海外军事基地，要走这一步。

2006年我参加中美首次联合军事演习时，随我国的海军舰队从青岛出发，北海舰队两条舰——113舰、881舰，横跨太平洋，海上连续航行18天到夏威夷，完成中美第一次联合军演演习，又在海上连续航行16天，到达美国西海岸的圣迭戈，跨越太平洋用了34天。

我们在夏威夷登岸的时候发生了一个航海特有的现象，叫作晕岸，上了岸走路都是晃晃悠悠的。因为在军舰上在甲板上一天24小时都是横仰俯仰，就是这么晃动，一天24小时起床、吃饭、工作，人都在找平衡，深一脚浅一脚。18天形成固态了，上岸后感觉陆地还在动，人还在找平衡。

我国海军第一批在亚丁湾巡航时，因为没有基地的补给，我们的驱逐舰在海上连续执勤三个半月。综合补给舰执勤时间更长，连续执勤6个月。人是陆地动物，我们18天就产生晕岸，官兵们在军舰上坚持6个月，人的耐受度可以说达到了极限。

我国需要海外基地，不是要扩张，而是要完成军队的补给任务，在前出亚丁湾巡航之前没有这个切身的感受。以前问海军官兵我国需不需要海外基地，结果众口一词：不需要海外基地。现在再问，他们都说太需要海外基地了，要登岸，要补给，要上淡水、上蔬菜，人要到陆地上转转，接接地气。这就是存在决定意识，没有这个存在，就没有这个意识。为了国家安全，我们必须扩大我国的这种海外存在。

必须在一个更大的层面维护国家的安全，在更高层次上提升自身的能力。

再举一个例子。2005年印度洋海啸国际救援，美国去了2艘航母、3支救援舰队、19艘各类舰船、90架直升机、13,000多人，是越南战争结束后美军在东亚最大的出动。而我们因为远程投送能力差，中国国际救援队仅由国家地震局、38集团军工兵团、武警总医院共40人组成。美国去13,000人，我国去40人。这40个人坐民航机，飞到棉兰岛就降落了。因为救灾第一线的班达亚齐军用机场，只有军用飞机才能着陆，民航机不能着陆，中国国际救援队就被撂

第六章
利益——中国崛起征途中的博弈较量

在了棉兰机场。后来还是通过熟人关系，中国国际救援队才乘坐新加坡的美制C130运输机到达救援第一线。这是对一个国家远程投送能力的考验。要做一个负责任的大国，必须具备这种能力。

还有复杂条件下的信息保障能力。2008年发生汶川地震，该地区的通信台、站、网受到毁灭性破坏，正常通信联络受到极大阻碍。我军首先进入灾区核心区域的指挥员，基本是用海事卫星电话与指挥部联系，其他通信工具基本无效。随后，灾区内多军种、多部门之间的通信也不断产生问题，只要没有民用手机信号，通信联系就出现障碍——就"小"信息能力而言，我军需要改进和提升的地方为数不少。

再看"大"信息能力。英国路透社报道，汶川地震第二天，即2008年5月13日，美国国家地理空间情报局（NGA）的情报分析人员已经在分析由间谍卫星获取的四川大地震图像。5月15日，日本宇宙航空研究开发机构（JAXA）在其网站上刊登了利用陆地观测卫星观测的四川地震地区资料图。同一天，中国台湾省"福卫2号"卫星拍的震区图片也在互联网上公布了。

汶川大地震发生后，我国共有9种型号的15颗卫星为救灾提供支援，但由于最初几天灾区上空阴云密布，红外遥感卫星无法穿透云层拍摄到地面清晰图像，我们出现了空白。当时只有合成孔径雷达卫星的波束才能穿透云层拍到地面图像，但当年我们该型卫星数量太少，来不及调整到灾区上空，使我国在救灾的初期通过太空了解掌握灾情的能力受到很大限制。我国成功进行了载人航天飞行，成功开展了嫦娥探月工程，但国家在轨卫星数量少、军用卫星数量更少的现实和探测感知手段不多、能力不强的现状，在当时的救灾过程中显露了出来。

由此可以看出，我们的实力与中国作为一个大国应有的地位作用相较，依然存在差距。没有这些实力装备，说一句话就负责任了？怎么负起责任来？一定要有"家伙"，一定要有能力，必须奋起直追，必须拿出实力来。

2013年国产大型运输机运-20成功试飞，2016年列入空军装备，国家远程投送能力极大增强。

2013年菲律宾遭遇台风灾害，我国"和平方舟"号医院船参与救援，排水量将近1.5万吨，提供300张床位，居各国救援队首位。美国去了一艘航母，只能提供50张床位。同时，我国大型两栖登陆舰"昆仑山"号也去了，排水量将近两万吨，直升机也到位了，这都是我们最新列装的。

2015年尼泊尔地震。美军吹嘘他们第一时间到达尼泊尔救援现场，他们最先进的鱼鹰战斗机——鱼鹰可变翼飞机V22到了。美国把图片拍下来了，没想到"鱼鹰"后面一架中国顺丰快递飞机的机尾露了出来，顺丰"SF"也随之显露出来了。鱼鹰战斗机能运多少货，能载几个人？美国到尼泊尔地震救援是象征性的，他们说，反正不管怎样，他们的军事力量最先到了。可我们一架顺丰飞机给尼泊尔拉了多少货？运载了多少救援物资？

可以说，我们现在正在努力接近与自身经济发展相适应的国防

第六章
利益——中国崛起征途中的博弈较量

能力水平。

美国1947年设立国家安全委员会。1999年我国驻南联盟大使馆被炸，2000年我国成立了国家安全领导小组，一直到2013年决定设立国家安全委员会，这是历史性的突破。

2014年召开国家安全委员会会议，习近平总书记担任中央国家安全委员会主席，提出贯彻落实总体国家安全观。今天，我们在维护自身安全的基础上进一步提出：既重视外部安全，又重视内部安全，对内求发展、求变革、求稳定，建设平安中国，对外求和平、求合作、求共赢，建设和谐世界；既重视国土安全，又重视国民安全，坚持以民为本、以人为本，坚持国家安全一切为了人民、一切依靠人民，真正夯实国家安全的群众基础；既重视传统安全，又重视非传统安全，构建集政治安全、国土安全、军事安全、经济安全、文化安全、社会安全、科技安全、信息安全、生态安全、资源安全、核安全等于一体的国家安全体系；既重视发展问题，又重视安全问题，发展是安全的基础，安全是发展的条件，富国才能强兵，强兵才能卫国；既重视自身安全，又重视共同安全，打造命运共同体，推动各方朝着互利互惠、共同安全的目标相向而行。

这是我们今天第一次完整地、系统地表述总体国家安全观，作为我们今后维护国家安全的指导。国家安全战略的基础是为了什么？就为"两个一百年"：中国共产党成立100年，全面建成小康社会；新中国成立100年，建成富强、民主、文明、和谐、美丽的社会主义现代化强国。

冲突是考验，危机是机遇

中国的安全环境分外复杂，我国周围接壤、滨海国家众多，大多数与我国都有领土、领海争端。周边地区人口密集，都是人口大国，孟加拉国、印度、巴基斯坦、印度尼西亚、菲律宾、越南，以及日本、韩国，哪一个国家人口都不少，彼此宗教文化差异巨大，世界很多宗教聚集于此，天主教、基督教、佛教……各教派都有。

周边历史复杂，现实矛盾突出。历史上中国曾经是朝鲜、越南等国的宗主国。历史上蒙古曾经是中国的一部分。历史上中日冲突不断。历史上俄罗斯攫取了中国大量领土。这种历史关系的纠葛，今天往往容易成为多种域外势力介入的切入点，他们都对这些历史旧账非常感兴趣。

周边核大国、军事大国密集。全世界核大国几乎都在我国周围：俄罗斯、印度、巴基斯坦，还有一个朝鲜。除了美国、英国、法国，还有以色列，离我们远点，其他都在我们周围。

美国的安全环境十分简单，美国就与两个国家接壤，北面是加拿大，南面是墨西哥，东面是大西洋，西面是太平洋，安全环境极其简单。而我国周围牵制太多了，安全环境问题非常复杂。

我们经常用"中国是个发展中的社会主义大国"来概括国情，我觉得这句话是不完备的，我们应该注意，中国是个发展中的尚未统一的社会主义大国。一定不要忘记我国今天仍处在分裂的状态。

台湾还没有回归，国土还处在分裂状态。我们反对美国对台售武：为什么对主权国家的一部分售武？我们要求一国两制、和平统一，美国为什么反复给台湾提供武器？美国这是什么意思？美国就是要充分利用中国的分裂状态对付我们。

中国发展太快了，举世瞩目，全世界的人都盯着中国。回头看看，当年的"金砖四国"在哪里？其他三国与美国差距越来越大，就一个中国紧紧追赶，离美国越来越近。所以美国越来越明显地要对付中国。

2010年7月，美国国务卿希拉里在越南举行的东盟地区论坛外长会议上称，美国在南海有"国家利益"，这暗示中国在"胁迫"南海周边国家。

美国宣称在南海拥有所谓的国家利益，实际上是在发出威胁，就是这个地区必须按照美国所认定的规则行事，其他任何国家在这个地区的主权诉求必须符合美国的规则，美国进而控制这片海域，控制海上运输通道，掌握各国命运。

新加坡香格里拉对话（也译作亚洲安全大会），我参加了三次，2015年、2016年、2019年都参加了。到香格里拉对话会场看看，将近半数是白人，英国的、法国的、德国的、美国的、奥地利的、澳大利亚的、新西兰的,都是白人。他们在那儿发言,做主导。

这还叫亚洲安全会议吗?多种域外势力介入,亚洲成了块肥肉,全世界最大的一块肥肉。美国"重返亚洲",多种域外势力介入,也数度出现冲突和危机。

20世纪中期前后,中国一直声称拥有南海的主权,没有引起过其他任何国家的争议。自从发现海底石油和天然气资源,围绕南海海域及岛屿的主权争议,就被视为亚洲最具潜在危险性的冲突点了。环绕南海的有中国、菲律宾、越南、文莱、马来西亚、印度尼西亚等政治实体,都宣称对南海诸岛或其中一部分拥有主权。

南海争端是关于中国南海海域岛屿的国际争端,争执焦点就是在中国南海海域最南端的南沙群岛。

南沙群岛虽然陆地面积不到16.65平方公里(2016年1月),但是整个海域面积达约82万平方公里,地处越南金兰湾和菲律宾苏比克湾两大海军基地之间,扼西太平洋至印度洋海上交通要冲,是通往非洲和欧洲的咽喉要道。

在南沙群岛中,属于中国控制的只有8个礁,其中中国大陆占7个,中国台湾占1个,而被越南、菲律宾、马来西亚、印度尼西亚和文莱所控制的却多达45个。

菲律宾主要对我国黄岩岛提出质疑,认为黄岩岛是它的,这大约是在1994年、1995年转变的态度。客观地说,南海主权权益争端有一个历史的延续,但矛盾在2009年交会了。我们不能把这一整年发生的事认为是上述各国串通一气的阴谋,这样主观色彩过重

第六章
利益——中国崛起征途中的博弈较量

了。但是我们仍然要看到，这些事件虽然是偶然事件，但必定反映了一些内在的东西，比如在全球金融危机的形势之下，各国对自己国内困难的转移。2009年菲律宾总统通过签署关于海洋基线的一项法案，很大程度上转移了国内的压力，包括经济的困境。但不得不说，菲律宾当时觉得有美国的支持，"傍大款"的心理很重；同时，菲方也把中国的"战略克制"当成了自己的"战略机遇"。

2012年，美国与菲律宾举行"肩并肩"联合军事演习，演习地点从菲律宾的东北方向移到靠近九段线的南海边缘，紧贴南沙群岛。从时间上来看，这次军演与菲律宾和中国在黄岩岛海域舰船对峙事件重合。

菲律宾根本没有与中国发生冲突的主导权和实力，只想在黄岩岛问题上借助美国力量与中国发生军事冲突以获取利益。但美国明显不愿意做这种不符合自己利益的事，越南、文莱、马来西亚等国并没有参与菲律宾的鼓噪。没有美国撑腰的菲律宾很难再有底气挑衅中国，所以菲律宾与其说与中国抗衡，不如说是想在美国那里讨些筹码。

在这方面，中国保持了强大的定力。我们当然不能看轻美国，因为它对我们的围堵和限制一天也没有停止过，但也没必要把美国看得很重。东盟各国，包括与中国存在争端的国家，他们有着和平发展的愿望，有着与中国搞好关系的愿望，这一点是不可改变的。南海方向诸国也不可能因为美国宣称在中国南海海域有重大利益，就能集结成一个集体抗衡中国的同盟。

后来，阿基诺三世给我们提供了机遇。此前，我们在黄岩岛树主权碑，被菲律宾砸毁，菲律宾树它的，我们再砸它的碑，反复拉锯，彼此砸碑，双方互相砸了十几年。因为有了2012年4月菲律宾在黄岩岛抓扣我们渔船的事件，我们今天完成了对黄岩岛的牢牢掌控。黄岩岛事件以后，再也砸不成碑了，菲律宾靠近不了了。它想闹事，想夺占黄岩岛，结果搬起石头砸了自己的脚。正是菲律宾制造的黄岩岛事件，帮助我们完成了对中沙群岛的掌控。

但菲律宾总统杜特尔特上台后，情况就大不一样了。菲律宾前总统阿基诺三世是以抗衡中国来捣乱的急先锋，杜特尔特上来就不与中国对抗了。他说，菲律宾要发展需要钱，谁有钱？中国人有钱，所以菲律宾必须与中国人搞好关系。美国人给菲律宾什么了？美国给菲律宾武器，让菲律宾跟中国人打仗。杜特尔特还说，美国给的都是旧武器，菲律宾也打不过中国人。菲律宾干什么要打仗？菲律宾要发展、要钱，中国人有钱，所以必须与中国搞好关系。这些话非常实在，真正从菲律宾利益出发。南海形势由此骤然缓解。

2012年7月15日，由30艘渔船组成的编队抵达南海永暑礁海域进行捕鱼作业。7月17日，海南省三沙市的政权组建正式启动。

而越南通过所谓的《海洋法》，把中国的西沙、南沙都认作自己的领土。中国的渔民长期在他们祖祖辈辈捕鱼的南海渔场开展捕鱼作业，我们曾经是加以限制的，因为不愿意因此引发一些不必要的冲突。但中国单方面的忍让并不能换来地区的和平，不能换来海洋权益的稳定。今天看，中国渔民出海捕鱼，完全是在维护自己的

第六章
利益——中国崛起征途中的博弈较量

捕鱼权利，当然也是维护国家主权的一种有益行为。

包括三沙市的建立，从行政上确立我们的行政管辖范围，这些都是我们很有力的行动步骤。

设立三沙市是我们在别人的严峻挑衅之下、蚕食我们的国土之下，被动做出的反应。本来在2007年三沙市就应该成立，当时考虑到南海各方面的形势，为了照顾南海各方的情绪，中国把成立三沙市的时间推迟了四到五年，这也充分体现了我们的诚意。

但如果有人把中国的"搁置争议，共同开发"看作软弱，看作可欺，让中国单方面搁置争议，自己宣称主权、大幅度开发，我们也需要用行动让他们后悔，让他们感觉到中国不是软弱的、可欺的。

令人欣慰的是，中共十八大首次做出了建设海洋强国的重大宣示，中共十九大再次重申建设海洋强国的重要性和必要性，对实现中华民族伟大复兴都具有重大而深远的意义。针对某些国家的一些反弹，我觉得回答很简单，就是力学基本原理：你从海洋方向给中国施加多大的作用力，中华民族就将呈现多大的反作用力。

马航MH370失踪事件之后，我国提出在南沙群岛建机场，我们急需在南海岛屿建立机场和搜救中心，以维护南海航道的安全。

如果我们平常要在南沙群岛建机场，那"毛病"就大了，"中国威胁论"就会冒出来。这回失踪飞机的搜救，连美国也来了，大家都来了，却找不到失踪飞机，证明了什么呢？这个区域太重要了，这个区域的搜救能力太重要了，所以我们要在南海建机场，增强保证国际航道安全的防守能力。

在香格里拉对话上,各国全面围攻中国(南海问题),但我们根本不害怕,坚决顶住,不害怕对方的围攻。过去都是我们反复抗议别人,今天终于轮到他们抗议我们了,主动权操之在我,我停不停工、我建到什么地步由我来定,我国第一次获得这种主动权。

美国人一直想掌控马六甲海峡、巽他海峡等国际通道,从而掌控中国经济发展所需的海上运输通道。现在眼看不行了,美国人非常着急,所以一次又一次来挑衅。

2016年,连我们最不愿讲硬话的前国务委员戴秉国,在美国参加经济与战略会谈时,都讲了句非常强硬的话:"南海就是来十支航母编队我们也不害怕。"这句话讲出了中国人的心声。我们跟过去完全不一样了。我们南海的布势,不仅使南海安全得到全面保障,在解决台海问题上,南海也是个全新的战略方向。

再看东海方向。

钓鱼岛及其附属岛屿位于中国台湾省基隆市东北约190千米的东海海域,是台湾省的附属岛屿,主要由钓鱼岛、黄尾屿、赤尾屿、南小岛和北小岛及一些礁石组成。钓鱼岛及其附属岛屿总面积约5.69平方公里。在这些岛屿中,钓鱼岛的面积最大,约3.91平方公里,主峰海拔362米。钓鱼岛上长期无人居住,在中国的历史上也叫钓鱼台,这个钓鱼台列岛也叫钓鱼岛列岛。

关于钓鱼岛问题的复杂成因,不必细说。需要注意的是,从1971年至今四十多年时间里,日本对其一直没有放松,一直在有

第六章
利益——中国崛起征途中的博弈较量

条不紊地步步逼近，先是个人登岛，建立灯塔，然后政府提出收购，又是个人提出购买，紧接着是国家介入。

实际上是以民间为先导，以个人为先导，政府再步步跟进，完成日本的国家战略规划。所以这不是日本政府被右翼绑架，而是日本政府完成了一个长期部署的有条不紊、步步为营的蚕食钓鱼岛的行为。

当然，美、日两国没有料到中国经济的发展如此迅速。在这种情况下，日本同时也想到，趁中国的力量还不是太强的时候实现自己的领土野心。等到中国太强的时候，日本再想实现这样的领土野心就会变得非常困难。

日本政治家可能有这样的印象，以为这是日本实现领土扩张的一个比较好的时机，也可能是最后的时机。所以，日本完成钓鱼岛"国有化"的急切心态，是根本不管中日所谓战略互惠关系的，它一定要推进对钓鱼岛的"国有化"。

日本这种侵吞别国领土的急迫心态，能说仅仅是右翼分子的动作吗？实际上，这是日本的所谓的朝野共识。

国内有个别学者提出一种观点，认为钓鱼岛是"荒岛""不产生GDP"，进而说明钓鱼岛"无足轻重"，甚至指责保钓人士登岛是"误国""害国"。其实，"钓鱼岛是无足轻重的荒岛"之说才真正是"误国""害国"。他们对钓鱼岛一无所知。

日本以钓鱼岛这样一个3.91平方公里的岛屿为中心，马上就划出12海里领海，然后再划出200海里专属经济区，几乎把我国浙江的外海和台湾海峡全部包括进去了。

一个岛屿能够获得的专属经济区将近40万平方公里，这是一个什么概念？台湾省的面积是3万多平方公里。这将近40万平方公里的海洋权益，就会对我国的专属经济区、对我国的海底资源产生非常大的侵蚀！

另外，中日两个国家从海洋地质构造上来看，叫"相向不共架国"。我们两个国家相向，但我们没有共享东海大陆架，东海大陆架被冲绳海槽切断了。

按照《联合国海洋法公约》规定，相向不共架国，大陆架的海底权益归大陆架延伸国。东海大陆架的整个海底权益应该归大陆架延伸国中国。而钓鱼岛一旦归了日本——当然我们中国人决不会承认钓鱼岛是日本的一部分，但日本如果完成了钓鱼岛"国有化"进程，宣称钓鱼岛是它的，日本就可以宣称其在东海大陆架上有块领土。那么中日双方海底大陆架划界的依据就要发生改变，中日两国就由相向不共架国变成相向共架国。双方共享大陆架，那东海大陆架就是一家一半，日本有些所谓的中间线的理论就能够成立，这对我国会造成20多万平方公里的海洋权益的损失。

2012年9月11日，日本完成"购岛"。9月12日，我国外交部发表声明，要开展维权，到钓鱼岛维权。当时的问题是我们进不进入钓鱼岛12海里。国家海洋局的同志积极主动行动，完成了进入12海里的使命。

这就是最后定位的"9·14"行动，国家海洋局8条船进入钓

第六章
利益——中国崛起征途中的博弈较量

鱼岛 12 海里。

2013 年 11 月 23 日，中国宣布划设东海防空识别区，通过东海防空识别区向全世界昭示，我们能规划自己的安全范围，也能在更大的范围内保护中国的国家安全。

新中国成立以来，从来没有给别人画过线段，但我们周围遍布别人画的线段：美国人画的朝鲜半岛 38°线，印支半岛 17°线，英国人画的中印边界麦克马洪线，美国人画的台海中线（戴维斯线），还有日本人画的所谓的"中日东海中间线"。

划定东海防空识别区是新中国成立以来第一次给别人画线。划定东海防空识别区和积极推进南海岛礁建设，对新时代的中国来说具有重大意义。

一位日本学者到中国讲学，说："今天日本对钓鱼岛的感觉就跟你们当年对九一八的感觉一样，九一八日本压迫你们了，今天你们'压迫'我们。过去你们声明钓鱼岛是你们的，但你们根本不来。你们现在来了，武力'逼迫'，我们被你们欺负了。"

这从一个反面印证，这是自 1840 年以来历届中国政府在维护海洋权益方面最强有力的行动。中华民族面对海洋，再也不节节后退，而是有效前出，维护应该属于我们的海洋利益。

第七章 制胜——
改革强军的挑战与机遇

没有胜利，就失去尊严；军队不能制胜，强国终是妄谈。久经和平的军队，如何强化血性？未经战事的军人，怎样赢得未来战争？军改之路，步伐铿锵，大国强军，制胜担当。

我们正在迎来国防和军队建设的黄金时期。富国强军，是共和国几代领导人的梦想。

邓小平说过：什么时候我们的国民生产总值搞到1万亿美元，就拿出1%搞国防，也就是100亿美元，就能大大改善装备提升战斗力了。

今天，我国国防投入已经达到当年邓小平梦想的10倍以上。建设一支与中国国际地位相称、与国家安全和发展利益相适应的强大军队已经是现实要求。它深刻地涉及力量的重新组合，深刻地涉及战斗力生成模式的转变，深刻地涉及过去的主角变成配角、过去的配角变成主角这样重大的角色调整，对现有军事结构、现有军事观念冲击巨大。它是一代军人必须完成的光荣历史使命，再难也无从逃避，只能迎难而上。

血性需要唤醒，军人必须担当

中国共产党领导创立的中国人民解放军是一支全新的队伍，跟过去的军队完全不一样。土地革命战争、二万五千里长征、抗日战争、解放战争、跨过鸭绿江，在中国历史上前所未有。这支队伍敢于斗争，敢于胜利，前仆后继，英勇顽强，在中国历史上前所未有。这是让整个西方始料不及的。

但，血性是会夭折的，所以需要养护，需要培育；血性也是会沉睡的，所以需要唤醒，需要点燃。

1950年年初，毛泽东在苏联访问时，斯大林向毛泽东建议：你们必须尽快进军西藏，否则夜长梦多。于是毛泽东采纳了斯大林的建议，立即从苏联往国内发报：彭德怀的西北方向，刘伯承、邓小平的西南方向，两路进藏。因为西北主要战事已经结束，西南还没有完全消灭残敌，所以以西南为辅，西北为主。

但西北的彭德怀给毛主席发电报说，西北地广人稀，少数民族众多，部队分散了，很难聚拢。再加上青海格尔木的进藏公路年久失修，修公路起码得两年，很难快速进藏。

毛主席接到彭德怀的电报后做了调整，以西南的刘、邓进藏为主，而且要求西南方向负责"经营西藏"。当时刘伯承、邓小平指挥的部队，离西藏最近的是六十二军，驻地西康，距离昌都很近。六十二军进藏最方便，但是刘伯承讲："我们不能让六十二军进藏。六十二军是一野彭老总的部队，让彭老总的部队进藏，彭老总将来要骂我们：'让我的部队啃骨头，你的部队吃肉？'"

刘伯承、邓小平共同决定：要挑二野主力第十军进藏。但十军军长不愿进藏，说身体不好等等，提了很多理由。毛主席在等，可西南迟迟定不下来。六十二军不行，十军也不愿去，不仅十军，其他一些部队听说后，也不愿意去。

刘、邓忧心如焚，毛主席在等西南的回音，这里又迟迟定不下来，于是刘、邓紧急电召十八军军长张国华到重庆谈话。邓小平亲自谈。

邓小平："今天谈话凭党性。"

张国华："一切听从党安排。"

邓小平："×××不去西藏，你指挥部队去。"

张国华："坚决完成任务！"

什么叫共产党员的党性？

共产党人的党性，不是挂在墙上，不是说说就可以的，关键时刻得有关键表现。

张国华同意了，可部队思想没转过来。十八军原定接管富庶的川南，张国华被定为川南行署主任。十八军政委谭冠三定为自贡市

第七章
制胜——改革强军的挑战与机遇

委书记。突然从天府之国改去不毛之地，部队一下子转不过弯子来。当时部队团级干部都没结婚，都想到富庶的川南娶妻生子、成家立业，突然间改去西藏了，想不通。当时部队逃兵数量猛增，严重的时候一天一个班跑得只剩班长、副班长，连队干部夜里不敢睡觉，轮流把门，营团干部天天追问逃兵数量。紧接着，干部队伍也出现动摇，十八军五十二师一五四团副政委刘结挺写信，提出身体不好不能进藏。张国华看见后气得手直发抖。为什么手发抖？刘结挺是他选定的年轻、有知识的干部，是作为接班人重点培养的，却在关键时刻掉链子了。

军政委说："刘结挺想不去，就把他捆上，我骑第一匹马，把他捆第二匹马，捆也给他捆进去。"谭冠三政委这句话反倒提醒了张国华。张国华说："进藏是毛主席交给我们的光荣任务，绝对不能让逃兵玷污了。"部队由此规定：十八军逃兵一律不许进藏。

在十八军全军动员大会上，张国华说："你把西藏看成不毛之地，可英帝国主义从不嫌它荒凉，百余年来拼命往那里钻。现在美帝国主义又积极插足，难道我们对自己的国土反倒不如帝国主义热心？如果西藏真被帝国主义分割出去，我们的西南边防后退到金沙江，恐怕我们在四川也坐不安稳吧？"

邓小平亲自坐镇十八军动员大会，对张国华的讲话带头鼓掌，并给十八军将士题词："接受与完成党给予的最艰苦的任务，是每个共产党员、每个革命军人无上的光荣！"

1950年春，张国华以共产党人坚定不移的党性，率十八军部队进军西藏。

我们看到了张国华的坚定党性与战斗血性，同时也看到了部分官兵在革命已经胜利之后开始享受果实，回避危险和艰辛，安于现状与畏难懈怠。

黑格尔讲过一句话：和平是一个民族最大的腐蚀剂。

我们长期处于和平之中，离战争年代越来越远了，市场经济冲击、封建残余发酵、思想防线崩塌、理想信念丢失、形式主义成风、贪污腐败蔓延、监督纠错缺位……光荣传统、优良作风受到严重破坏。

其实，不独我们，外国也一样。

苏军战将朱可夫在二战胜利后当上了驻德苏军总司令，把从纳粹德国搜到的许多油画、貂皮大衣、水晶器皿据为己有。克格勃因此向斯大林举报朱可夫贪污。斯大林便派朱可夫出差，克格勃乘机去其家里搜查，把财物全部拉走、上报。朱可夫回来一看，事已至此，便给斯大林写了一封信，检讨过失，沉痛不已，最后落款甚至不敢署上"苏联元帅""陆军总司令"这些军衔和职务，只写了"布尔什维克朱可夫"，要求保留他的党籍。

鉴于朱可夫在卫国战争中的卓越贡献，斯大林同意给朱可夫保留了党籍。今天，朱可夫骑着高头大马的青铜塑像就立于莫斯科红场俄罗斯国家历史博物馆前，这是多么辉煌的历史地位，但当年差点就被貂皮大衣、油画和水晶器皿给毁了。

缺乏权力监督机制、制约机制，一旦权力过于集中，欲望膨胀之时，就会出现贪污腐化问题。

美军也有类似情况。比如曾任美军中央总部司令的施瓦茨科普夫在海湾战争中立过战功，当时很多人预测他会出任陆军参谋长，但海湾战争一结束他就退休了，为什么？

原因是在飞往沙特首都历时十五小时的航班上，乘客们排队上洗手间，一位美军少校替他排队，快轮到他时才喊他上厕所。不仅如此，还有一名美军上校双膝跪在施瓦茨科普夫面前，帮他整理制服。而这一切都被当时的国防部部长切尼看到了，他认为施瓦茨科普夫人品不行。

和平时期任何军队都有朝腐化方向发展的趋势，尤其是位高权重的高级军官。

古人云："见百金而色变者，不可以统三军。"

2014年10月底到11月初，全军政治工作会议在古田召开，军委主席习近平的讲话引起很大震动。古田会议会址是习近平主席亲自选定的，当时很多人都不明白为什么要选择古田，开完会就明白了，是"新古田会议"。当年的古田会议，就是毛主席对军队的再造。习近平主席讲，古田会议使创建之初的人民军队凤凰涅槃，新古田会议，人民军队再一次凤凰涅槃。

习近平主席在全军政治工作会议上中肯、严厉、语重心长地点出了部队中特别是领导干部中存在的十个问题，振聋发聩。

军队多少年没有受过这种批评了？新中国成立以来对军队最严厉的批评，是1975年邓小平那次和2014年习近平主席这次。1975

年,邓小平批评军队"肿、散、娇、奢、堕",也不及这回习近平主席对军队批评得严厉,尤其是对高级干部。很多同志开完会,夜不能寐。我觉得夜不能寐就对了,如果这样还能睡着觉,那还行吗?

习近平主席讲,历史上多少战功卓著的军队,最后都是被腐败搞垮了。

全军政治工作会议之后,我们开始公布被处理的军以上领导干部名单。2015年1月15日公布第一批,有十六名军以上干部,第二批有十四人,前两批共有三十人。第三批、第四批、第五批……2017年7月以后不大公布了,影响太坏了。仅公布的军以上领导干部,就有一百多人。这真是前所未有。

军旗过去那么红,我们还能继续红下去吗?这些问题不解决,我们还能保持军旗的鲜艳吗?

今天我们下了最大的决心反腐,海外一传就变成了什么?派系斗争、山头斗争、利益集团斗争……我说,你太小看中国共产党人了,你太小看中国人民解放军了。不完成这些清理,我们怎么保持军旗的颜色?想想上百万革命先烈,想想当年全国学人民解放军,面对今天严重的问题,真是感到羞愧和难过。所以,在全军政治工作会议上,习近平主席提出,要着力培养有灵魂、有本事、有血性、有品格的新一代革命军人。

什么叫有灵魂?什么叫有本事?什么叫有血性?什么叫有品格?军人之于国家的意义到底是什么?军队养于国家到底干什么?

第七章
制胜——改革强军的挑战与机遇

就六个字：能打仗、打胜仗。国家设立军队最根本是在此。有人说建军这个理由那个理由，理由再复杂，超不过这六个字。军人是干什么的？就是"能打仗、打胜仗"的。

2000年"八一"，当时建军73周年，《北京青年报》在国防大学发出了50份问卷做调查。国防大学的高级军官学员中，有将军、校官、师长、团长、连长、营长，还有研究生，都参加了调查。

调查问卷：你为什么选择当兵？回答得五花八门。有人回答：当兵是最大的光荣。有人回答：想当将军。有人回答：只有当兵才能实现价值。有人回答：喜欢这身军装。还有人回答：从军是最富挑战的职业。还有从小就非常崇拜军人、儿时所受的教育与自己的热爱、世界霸权对国家安全构成了威胁……

参加调查问卷的年龄最大的是新疆军区司令员李良辉，他是50份问卷回答者中资格最老、地位最高的军人。他的回答与众不同：一时冲动唤起满腔热血。

李良辉36岁担任解放军空降兵军副军长，42岁成为空十五军军长，带领一个排空降神农架做野战生存训练——只有两天野战的干粮，一周才能走出来。在他当十五军军长时，连电影放映员都得跳伞，他本人带头跳伞。但后来在与军政委处理关系中，李良辉犯了严重错误，最后被撤掉空十五军军长职务。1988年，李良辉到国防大学学习，毕业了没有授衔。空十五军军长应授衔少将，可他没授衔，他穿便衣，也不是文职，在国防大学待着。

后来他写信给军委。军委领导鉴于李良辉确实还想干事，就让他到宁夏军区担任副司令，授衔大校，在全国最小的省军区任职，下面也没有部队，就是让他原地休息的。

没想到李良辉到了宁夏干得轰轰烈烈，没有部队，所有武装部部长、政委全部被集中起来，统一睡上下铺，早上出操，晚上紧急集合，摸黑打背包，营区里哨子吹得又尖又响。武装部领导很久没有这样"折腾"过，不少人都已是大腹便便了，被练得焦头烂额、汗流浃背。最后集训完毕，李良辉又从空十五军调来一个连搞伞降，给他们看看野战部队到底应该是什么样子的！很短的时间内，宁夏各地哪怕不知道司令、政委是谁，也都知道有个"李副司令"！这个大家以为只会等待退休的人，把宁夏军区的军事训练搞得风风火火。

后来李良辉先后出任宁夏军区司令、新疆军区司令。他在新疆军区又大抓边防建设，搞了三个"一千"：一千条狗、一千匹马、一千个人。新疆军区八百多个连队，每个连队来一个人，加上直属分队，共1,100人，集中培训6个月，主要是和平战术和步兵科目。培训期间，不得请假、不许回家，全体队员集中吃、住、行，被挑中的都是尖子，毕业考核后回原部队担任连长。这一千多人至今都是新疆边境线上的核心骨干，一讲都是李司令训练出来的。

1999年新疆军区进行"八一"大阅兵。当时正逢1999年的两件大事：5月8日，我国驻南联盟大使馆被炸；7月9日，李登辉"两国论"出笼。国家安全形势急转直下，国内民众义愤填膺。

李良辉"八一"新疆大阅兵，阵容严整，行进威武。外媒评述:"中共真会使手腕,过去声东击西,今天以西援东,通过西北新疆阅兵,震慑东南台海。"其实并非如此,新疆军区阅兵是早就规划好的,李良辉也未料到1999年会发生那么多大事,未料到新疆阅兵无形中会发挥那么大的作用。

2000年年初,新疆军区在销毁一批军火时不幸发生爆炸,多人被炸死、炸伤,李良辉承担领导责任,被解除司令职务。后来李良辉到济南军区任副司令,不到两年就要休息了,所以谁都不拿他当回事。

他到河南去考察,河南军队、地方都有干部陪着他。在考察车上,有人讲黄段子,李良辉非常生气,但忍着不吭气。吃饭的时候还有人讲黄段子,李良辉突然"砰"地一拍桌子,碗筷都跳起来了:"你们是党的高级干部,你们庸俗!"不吃饭了,拂手而去。后来所有人都不敢陪李副司令吃饭了,说李副司令太厉害了。

这就是人们常说的那句老话:老虎虽瘦,雄风仍在。

这是个真正的、哪怕退出现役仍然一腔热血的军人。

李良辉有很多缺点、错误,他也搞过形式主义,但这是个真心想打仗、真心抓训练、真正把部队带出了血性的人。

再说说国防大学科研部原副部长王三欣,他在战争年代是战场上的优秀指挥员,战争结束后进入军校,成为享誉全军的优秀教研人员。他在讲台上一站就是三十多年,一直到最后倒在讲台上。他的夫人回忆道:"他在医院里有时清醒有时糊涂,有时出现幻觉状态,还在想着教学,说话不清醒,还能说出来'张家港……演习……拿地图来……拿笔来……要红的',他脑子里装的都是这些东西,家事一句没谈。"

这个被誉为"战争史活字典"的军人,最后惦念的,仍然是他的教学。他的女儿回忆:"爸爸突然辞世,什么也没留下,只留下了大堆的讲义和文稿。妈妈痴痴地厮守着这些故纸,仿佛在期待着什么。"

我后来看了他夫人厮守的这些"故纸":

《如何在未来反侵略战争中打歼灭战》;

《学习军委战略方针的初步体会》;

《关于未来反侵略战争的积极防御战略方针》;

《苏联卫国战争初期经验教训初探》;

《抗日战争中中国共产党军事战略的历史演变》;

《关于解放战争时期战略进攻的几个问题》;

《主观能动性在战争中的动用与发挥》;

……

那是改革开放的起步阶段,很多人都在关心自己的待遇,设计自己的前程,王三欣仍然在研究战争、关注战争,撰写或经他修改的教材多到无法统计的地步。这部"战争史活字典",1987年2月在北京西郊红山口静静地合上了眼睛。

王三欣这样描述过自己的理想:"向往当一个梁山好汉","想当个打抱不平的英雄"。

在中国革命的熔炉中,有些人炼成了一堆废弃的炉渣,忠心耿耿的王三欣炼成了沉甸甸的重金属。他生前特别喜欢克劳塞维茨这句话："物质的原因和结果不过是刀柄，精神的原因和结果才是贵重的金属，才是真正锋利的刀刃。"在那个物质匮乏的年代，他给我们留下了真正锋利的精神之刃。

说到王三欣，必须说到对他影响至深的蔡铁根。当年，王三欣还是南京军事学院战史研究生的时候，蔡铁根是战史教授会主任。老师的知识在淌进学生头脑的同时，老师的人格也默默溶入了学生的血脉。1958年军队反教条主义时，蔡铁根致信中央："军队建设决不能以我们的传统观点为标准，必须以未来战争的要求为标准，军队训练教育的唯一标准，就是是否适应于未来战争的需要，战争有权改变一切"，"作为一个共产党员，基于自己为党为国的热忱，我不敢隐讳自己的愚见，并大胆地把它提出来"。他为此付出了重大代价：被划为右派分子，开除党籍、军籍，行政九级降为十五级，调离部队。"文革"时期，他又被定为反革命，判处死刑，80年代初最终平反。军事学院老院长萧克将军说："每当想到蔡铁根，心情不易平静下来。"他专门为蔡铁根赋诗一首："铁根之根坚如铁，宁为玉碎不折节。坚持真理不服诬，铁根之根真如铁！"

今天我们回头看，半个多世纪过去了，蔡铁根在1957年讲的那句"军队训练教育的唯一标准，就是是否适应于未来战争的需要，战争有权改变一切"，仍然掷地有声，令人怦然心动。国防大学原副校长黄玉章也是蔡铁根的学生，他说，一直到退休那一天，他没有休过一个假期：虽然工作和成果不是那么辉煌，但是每当想起老师蔡铁根，就只能竭尽全力，不敢有丝毫懈怠。

铁打的营盘流水的兵，队伍在不断变化，但凝聚成灵魂的东西，不管人员怎么变化，都能通过血脉，代代传承。蔡铁根、王三欣、黄玉章，他们留下来的学术成果，有些可能随着时代变迁、装备发展而时过境迁，但他们留下来的由灵魂和血性浇灌的人格，比他们的学术成果影响更加深远，让我们时时看到军人的灵魂与血性。

我们这个年代，仍然英雄辈出。

军旗为什么这么红？因为有这样一批人在支撑。

军人最大的奉献不是牺牲，而是胜利

有人说，军人的最大奉献是牺牲，是血洒疆场。我说，不完全对，牺牲是军人的最大付出，但不是军人的最大奉献。军人的最大奉献是胜利。

我们走过了近代艰苦的时期、挨打忍辱的时期。甲午战败，水师提督丁汝昌自杀，"定远"管带刘步蟾自杀，"镇远"管带林泰曾自杀，继任管带杨用霖自杀……庚子事变，八国联军侵华，李秉衡奉命抗击八国联军，京城从皇帝到百姓都对他寄予厚望。但刚到通县张家湾，他就自杀了，留下遗书——"天下事从此不问罪臣"，全军不战自溃。这就算了却军人的责任了吗？

牺牲是军人的最高付出，但不是军人的最大奉献。国家设军队、民族设军队，是让你夺取胜利的，不是让你在关键时刻一死了之的。

对军人来说，胜利永远无可替代。

被誉为"战神"的粟裕将军，百战百胜。我们讴歌粟裕百战百胜，可明白他为何能百战百胜吗？他随手拿起茶杯、烟缸、棋子，就能摆出古今中外的重大战役。我们今天的军人行不行？今天我们很多人一摆关系摆得非常清楚，你能不能摆出战役来？而粟裕随手就能把战役摆出来。别人逛街只是逛街，他逛街却在琢磨这个街区怎么攻占、那个据点怎么驻守，走在大街上都在想火力配系、抢占这个制高点。他终生不善牌局、不善棋弈、不善跳舞、不善祝酒，最心爱的三件物品是手枪、地图、指北针。

别人大部分精力被官场风波、政治起伏耗尽，他大部分精力仍然花费在地图前，用放大镜端详世界上哪里发生了动荡，他站在那里默默地看，一看就是半天。他一辈子没有学会用其他眼光，只会以军人的眼光审视、分析、判断眼前这个世界。

1971年"九一三"事件后，他想把自己对未来战争的一些想法写出来，报告党中央、中央军委。但他的观点与当时占统治地位的观点相冲突甚至相对立，为他执笔的同志犹豫再三，最终竟然不敢落笔。虽然即使有问题也不会由执笔者负责，虽然该同志绝大部分也是出于保护他的好意，但当年这位率领数十万健儿纵横驰骋，以一道道"粟令"让多少国民党沙场宿将谈虎色变的华野统帅，到了连身边一个普通干部都指挥不了、连一个敢用纸和笔记录下他意见的人都找不出来的时候，那种困顿与窘迫真是不言而喻。这还是当年于百万军中取上将首级、在城南庄连毛泽东主席也跨出门槛亲自迎接的战场名将吗？

粟裕没有委顿，他把纸和笔朝自己夫人面前一推，说："我口述，你写！"

第七章
制胜——改革强军的挑战与机遇

夫人劝他:"你这是何苦,为直言吃的苦头还不够吗?"

当时,"文化大革命"尚未结束,能保个人平安已属万幸,他的夫人实在不解他为何还去触及那些重大且敏感的问题。

他回答的第一句是:"战争是要死人的。"

然后是第二句:"看不出问题,或者不敢把看出的问题讲出来,一旦打起仗来,我们这些老兵就会成为历史罪人!"

说这些话的时候,他严肃而且激动。

这就是粟裕。他的勇气从来不取决于身后跟随了多少人马。纵然面临孤军奋战的窘迫局面,纵然能够指挥的只剩下数十年相濡以沫的夫人,他仍然是一个敢于挑战、敢于应战的军人。

粟裕生命垂危时,要靠别人帮着穿衣服,自己穿不了。他的保健医生跟我讲,都已经是最后时刻了,他还要按照军队条令的要求,把衬衣、毛衣整整齐齐扎进裤腰。

粟裕一辈子都在等待战争来临。除了备战,他别无所欲;为了胜利,他别无所求。对粟裕这样的军人来说,军事家、政治家、战略家都不是桂冠,枕戈待旦的军人才是桂冠。1975年毛主席眼睛患白内障,看不清楚了,还讲了一句话:"将来打仗,我还用粟裕。"毛主席深知谁行、谁不行,深知关键时刻谁可托付、谁不可托付。

每逢关键时刻,我们都会加倍思念这样的将领。"听鼙鼓而思良将",今天也是这样。当我们面临各种各样危机和危难的时候,粟裕这样的军人就是国家民族最根本的靠山和依托。

再说说海军少将陈伟文。1988年1月,陈伟文担任海军舰队

502编队司令，带队到南沙，按照联合国教科文组织的要求，在南沙永暑礁建立海洋观察站。

这是我军第一次到南沙。新中国成立近四十年了，海军编队第一次去。因为是第一次去南沙，上级首长非常重视，做出指示：不主动惹事、不首先开枪、不示弱、不吃亏、不丢面子，赶走占领岛屿者。

陈伟文讲，这样的上级指示，前方难以操作啊。那么多个"不"，到底应该怎么做？这是我们后来的一个教训。领导做指示切忌如此。既要这样又要那样，既不要这样又不要那样，出了问题是底下的，有了成绩是上面的，下面怎么跟你干啊？

毛主席以前不做这类指示。

比如1962年中印边境自卫反击战，总部决定的意见是，不要打大了，就打印军一个点，围歼印军一个营，打多了、打大了吃不掉。作战方案传给前方指挥。前方指挥员张国华等人要打大的，要求打印一个旅，而且立即行动。两种方案均报到军委，有人认为张国华等人是军事冒险主义，是不听招呼蛮干。方案最后由毛主席定夺。毛主席拍板："他是前方指挥，让他打嘛，打不好，重来。"就讲这么一句话，按张国华意见打，最后歼灭印军三个旅，成为新中国成立后历次边境反击作战打得最漂亮、战果最大的一次。

中印自卫还击的漂亮战果，离开前方指挥员的积极性、主动性不行，离开毛主席高瞻远瞩的放手指挥更不行。

1988年的陈伟文，也表现出了指挥员的这种积极性和主动性。

第七章
制胜——改革强军的挑战与机遇

占永暑礁没什么问题，顺利完成。占华洋礁比较困难，越军与我军同时登上。当时礁盘都在海平面以下，双方涉水对立。

3月14日占赤瓜礁更麻烦，越军先于我军登上赤瓜礁。我方三十多名官兵登礁，喊话让越军退回去，越军不退。陈伟文命令登礁官兵把越军旗帜拔掉。身材高大的排长杨志亮上去拔旗。杨志亮2015年在国防大学学习，2016年授衔海军少将，当年是海军少尉。杨志亮带人上去一下就把越军旗帜拔了下来。恼羞成怒的越军急了，开始推搡、冲撞，最后首先开枪，把杨志亮打伤了。虽然上级领导说了要克制，但是枪声就是命令，陈伟文立即下令还击，结果我方击沉越军船只，毙伤越军多人，剩下的越军仓皇撤离，我们一下夺占了数个岛礁。

虽然"3·14"海战我军取得了胜利，但海战前后502编队收到的18封电报中，有22个"不"——"不得""不要""不准"，陈伟文就是在这种情况下打"3·14"海战的。

后来502编队奉令返回，在榆林基地靠岸。官兵以为岸上有人会敲锣打鼓欢迎呢，但岸上冷冷清清，军舰靠泊，工作组直接上船调查：真是越军首先开枪的？你们这么干，会不会破坏中央以经济建设为中心的大局，引发周边反弹，干扰和平发展的大方向？

帽子很大啊！陈伟文讲，领导要他去会议室汇报情况，他一进会议室就惊呆了，三十多人全部坐定，有海军的、南海舰队的，有榆林基地的，有他的领导，有他的同事，还有他的下级，都看着他，这种场景像审问一样。几天之后，幸亏当时的军委领导做了指示，才免除了对参加海战的官兵的调查。3月底多人立功受奖，陈伟文提前晋升少将。

虽然陈伟文提前晋升少将，但他后来还是被调离指挥职位，去广州舰艇学院当副院长，一当就是多年，两任副院长都提了院长，他还是副院长。最后提第三任，大家说怎么都该轮到老陈了，可还是没提他，他的下级提了院长都不提他。新院长讲："老陈啊，你又是战斗英雄，又是我老上级，我真没法领导你。"陈伟文心态非常好："你放心布置工作，我坚决完成。"

1996年年底，58岁的陈伟文到了服役最大年限，退出现役。

这样的人，最后没有用起来，甚为可惜。但也有一句话：历史不是按照军衔记录，而是按照业绩记录的。随着时间的推移，陈伟文少将的业绩必将彪炳史册：他当年通过"3·14"海战夺占的低潮高地，经过中共十八大以后的大力建设，今天已经成为维护中国南海航行自主权的中流砥柱。

2015年11月24日，是一个注定载入人民军队史册的日子。中央军委改革工作会议在北京隆重召开，中共中央总书记、国家主席、中央军委主席习近平发出深化国防和军队改革的动员令——全面实施改革强军战略，坚定不移走中国特色强军之路。

我军的变革一定不是拿别人的葫芦画自己的瓢。

我们一定要通过变革实现自主作战，以长制敌。

创新从来是我们的传统，是这支军队的生命线。

第七章
制胜——改革强军的挑战与机遇

中国正在高质量发展，我们正在从事前人没有从事过的伟业。中国人民解放军的职责、使命、发展思路、能力需求、行动范围、运用方式都在发生重大变化。我们比以往任何时候都更加需要继承和发扬军事创新这个优良传统，努力建立一整套适应信息化战争和履行使命要求的新的军事理论、体制编制、装备体系、战略战术、管理模式。核心就是习近平主席那句话：要始终坚持战斗力这个唯一的根本的标准，全部心思向打仗聚焦，各项工作向打仗用劲。

这是推动军事变革的最强劲动力，是这一变革的全部出发点和最终归宿。

强军需利器，制胜必砺技

空中战场和电磁战场的出现改变了一切。空中战场的开辟不过百年，电磁空间的军事开发利用时间更短，时间虽短，但影响巨大。军事行动不但由二维空间延伸到三维、四维空间，而且把数千年传统的军事理论和作战样式搅得面目全非，使传统军事思想、传统军事规范面临前所未有的深刻挑战。

从历史长河看，人类社会发展的技术形态一直决定着战争与军事的基本形态，决定着军事组织方式和作战指挥方式，决定着军队的战斗力生成模式。

推动旧的军事力量体系逐步瓦解、新的军事力量体系逐步形成的是军事技术，而不是军事思想。

轻视军事技术，就是轻视军事实际；脱离军事技术，也就脱离了军事实践。

美国人现在提出，过去是大吃小，现在是快吃慢，所以一定要快。但怎么快？通信联络快，力量投送快，部队反应快。技术条件带来的速度，造成军事领域很大的改变。

第七章
制胜——改革强军的挑战与机遇

1999年中国经济发展了，国家也强大了，我们的使馆却突然被炸。我们当时只有一艘战略核潜艇。海军的一些领导讲起这些来痛心疾首。

中国的战略核潜艇在20世纪80年代装备部队，但后来为保经济建设，在"七五""八五""九五"这三个五年计划期间，战略核潜艇制造全部停止，没有发展。直到大使馆被炸，战略核潜艇才在"十五"期间再次上马，工作人员加班加点，昼夜突击。因为没有投入，没有项目，所以我们停工15年，包括热处理师、材料师、机械师、工艺师在内的技术人员流失太多，他们要么去做摩托车，要么就去做电冰箱、洗衣机了。

我们的海军领导讲，幸亏白发苍苍的总师还在，幸亏他的心脏、血压、胆固醇还可以，如果他的身体出点问题，我们该怎么办？技术中断15年，这是一个非常大的问题。这给我们最大的提示就是，一个国家，一个民族，如果只会对别人微笑，不会对别人瞪眼，它就永远无法屹立于世界民族之林。如果想对别人瞪眼，腰杆上一定要有东西。而如果腰杆上除了钱包，什么都没有，那么钱包也很容易被别人抢走。

所以，国家安全战略给我们的一个最大启示就是国家的威慑问题，如果你腰杆上不别上大棒，你怎么有效地维护自己的安全？

原第二炮兵司令员李旭阁曾在我军发展战略武器最困难的阶段——1990年——向中央军委提出"东风-5"的增程型——洲际导弹，遭到反对和批评，认为国家以经济建设为中心，发展洲际导弹没有必要也不合时宜，有的领导甚至批评李旭阁搞面子工程。

李旭阁讲："'东风–5'首先是远程型号，第二步搞洲际型号，是毛主席、周总理的决策，怎么算是我的项目？"他多次召开党委常委会，以二炮党委决议的方式反复向中央军委提出发展战略武器的必要性和紧迫性，一定要发展洲际型。最后，中央军委决定，从军队专项经费收益中拨数千万元给"二炮"搞"东风–5"增程型。待"东风–5"增程型实验定型时，李旭阁已经休息了。我们今天回想起来，幸亏洲际导弹研发没有中断，使我们今后不至于走更多的弯路。

2000年我在英国皇家军事科学院学习时，印度军官里夫站起来介绍印度的情况时说印度有航母，中国没有，扬扬自得。泰勒教授说："里夫，你坐下，闭嘴，不要讲了。"到底是曾经的宗主国，泰勒教授一训里夫，身高一米九几的里夫就跟个雪糕融化似的"哗"地坐下来了。泰勒上台就讲："我纠正一下里夫讲的观点，印度的武器装备都是采购的，原来采购苏联的，现在采购俄罗斯的。印度没有完整的工业体系，不能成为军事大国。中国有完整的军工体系、工业体系，中国是个军事大国。"

这是创立新中国的前辈们给我们留下的基础，是国家发展的基础，也是军队发展的基础。我们一定要利用好、发展好这个来之不易的基础。

21世纪以来，随着国防投入的显著增加，我军军事装备研制生

第七章
制胜——改革强军的挑战与机遇

产能力获得明显提高，为战斗力的提高奠定物质基础的同时，也对训练提出了更高要求。

特别是航空母舰列入我国海军装备后，舰载机飞行员的培养训练成为提升新时代军队战斗力的当务之急。

海军副司令、舰载机飞行员训练总指挥张永义全身心投入这一工作。他是海军航空兵出身，一个月一个月、半年半年地在训练基地泡着。航母的战斗力来自舰载机，舰载机的核心又是飞行员，这是航母形成战斗的最大瓶颈。

西方预言，中国获得这一能力起码要七八年，甚至更长时间。印度有航母，巴西有航母，他们都能去美国、英国、法国的舰载机飞行学校学习，唯独中国不行。西方担心，一旦中国学会了，就是如虎添翼。所以没人教我们，我们只能自己摸索。

很多人都开过车，知道开车是收油门踩制动，谁要是踩油门踩制动，大家都会说他精神有毛病，不会开车。而舰载机着陆就是踩油门踩制动。空军飞行员是飘下来的，收油门、放机翼、增大阻力，朝着最短也是2,000米的跑道慢慢地飘下来。而舰载机就不行。美国福特级航母是全世界最大的航母，着陆跑道也就200多米长，四道拦阻钢索，每道钢索间隔12米，着陆空间36米，36米之内舰载机尾钩必须抓住钢索，抓不住就得赶紧复飞，否则就冲到海里去了。所以舰载机都是以起飞的速度着陆的，按照术语讲，舰载机飞行员着舰不是飘下来的，而是拍下来的。

海中看航母，就像一片小树叶、小邮票，飞机要停到上面去，不行就马上复飞，而且按外军通则，一般三次着舰不成功，就只能跳伞弃机了。若第一次着舰尾钩没抓住，第二次没抓住，第三次还没抓住，飞行员的心理基本就崩溃了，动作也会随之变形，第四次能够成功着舰的可能性非常小，一般只能跳伞弃机。

所以，舰载机飞行员训练出来非常不易，是飞行员精英中的精英，被称为"刀尖上的舞者"。

当我们在探索训练的时候，没人教我们。西方有评论说，中国人不敢冒险，飞行动作很温柔，很难在短时间训练出舰载机飞行员。

张永义根本不相信这一点。他把工作地点从海军司令部搬到试航第一线，每次飞行都是他亲自指挥，和飞行团队一起反复比对数据。"反区"飞行方法、精准着舰、最优起降航线选取、不稳定气流条件下偏差修正等难关，一个接一个地被攻克，滑跃起飞、阻拦着陆等上舰飞行关键技术也被先后突破。虽然训练基地有很多光电设备做记录，但张永义就用笔记本记，结果他拿笔记本所估算的数字跟光电所测的数据差不多。

张永义说，大家评论不能空泛，不能用"大约""差不多"这样的词，要拿数据说话，不要空口评论。

我们在训练基地看过录像，训练经历多次失败，歼-15在陆地上模拟着舰，尾钩把钢索抓住了，但钢索强度不够，拉断了，把歼-15的垂直尾翼砸烂，继而又把水平尾翼砸碎。多次失败之后，最后摸索出来。

2012年11月23日，历史性的时刻到来：海空英雄团大队长戴

第七章
制胜——改革强军的挑战与机遇

明盟驾驶舰载机第一个着舰。当他行将完成着舰的最后动作的时候，指挥室里的人说，总指挥张永义在那一刻把眼睛闭上了，不敢看。随着报告戴明盟着舰成功，63岁的张永义从指挥席上一下跳起来，顺着悬梯跑下去，跑向歼–15。戴明盟走出来，刚要向总指挥、海军中将张永义敬礼报告，张永义冲上去一把紧紧抱住戴明盟，热泪长流。

那一天被航母官兵形容为"张副司令最幸福的一天"——我们五架舰载机、五名舰载机种子飞行员全部着舰成功。张永义五次拥抱，五次落泪。当时有多少人知道，此时服役48年的张永义，离退休只剩两个月了。就在离退休只剩两个月时，他给祖国交上了一份珍贵的答卷。

时任中航工业集团董事长林左鸣说："没有张永义这样杰出的指挥人才，我航母起降飞行训练不可能在如此短的时间里取得突破性进展。"

时任中国船舶重工集团总经理李长印说："正是张永义这样的飞行指挥专家，加速了我航母形成战斗力的步伐。"

张永义这样的人不止一个。

我们曾带领国防大学学员在祖国大西北考察，进入一片荒漠戈壁、没有手机信号的试验区，走进一个山沟，一个少校上来报告，脸晒得黢黑，戴着一副白色眼镜："报告，正在研制某某项目。"走进另一个山坳，又一个上校上来报告，也是脸晒得黢黑，也戴着副眼镜："报告，正在研制某某项目。"你若询问一下，他们会告诉你他们毕业于清华大学，毕业于复旦大学。一些来自经济发达省份的学员非常吃惊，也万分感慨：如今孔雀东南飞，人才都集中在东部沿海地区，没想到在祖国西部的大漠深处，竟然还有这些中国一流大学的毕业生，在这种人迹罕至的地方研制新型装备，为中华民族的机体增补钙质！

这就是今天的中国。

不管是在新疆、西藏，还是在南海，都强烈感受到国家健康力量的成长。总有这样一批人，在踏踏实实为中华民族的利益奋斗，为我们的祖国砺剑备战。

第八章 大势——
世界格局走向的理性瞻望

美国与中国,并非相生相克,但在博弈较力。各自优势何在?未来何去何从?

2016年6月底我们赴美访问，7月初离开美国时，驻美武官问我能不能用一句简练语言概括一下对美国的感受。我几乎不假思索地说了一句话：一个衰老的帝国。

这是切身感受。

1997年，我第一次到美国学习，飞机在纽约肯尼迪机场着陆，我从舷窗往外一看，惊得目瞪口呆。美国人晚上不关灯，纽约城市面积又非常大，是一片灯火海洋。当时感觉什么叫超级大国啊，真是看见了。

2016年，我们第六次访美，飞机着陆，同样是在肯尼迪机场，看见的却是跑道开裂，荒草丛生，候机楼破旧。从肯尼迪机场通往纽约曼哈顿的道路上，高速公路中心隔离带有的断裂了，有的弯折了，撂在那里没人修理。到了纽约，看见铁桥锈迹斑斑，柏油路高低不平，颠簸得特别厉害。

有人告诉过我：为什么纽约的SUV车特别多，因为路况太差了，普通车不好开，所以要用SUV。纽约市政怎么出这么多问题？美中关系委员会的负责人告诉我们：打了10年仗，没钱了，市政建设也没钱去搞了。

这样大家可以理解了，特朗普为什么能够当选，为什么竞选时这句话成为他最富鼓动性的语言之一："美国人一直在打仗，而中国一直在大力搞建设。"所以他着急。

特朗普上台，在很多人意料之外。这个人胃口很大，懂的规矩很少，他想通过实施全球收缩而不是全球扩张、产业回归而不是产业外迁、到处收钱而不是到处撒钱等方式，使美国重新强大。他有足够的时间吗？真的能成功吗？

美国的"问题"

2016年年底美国总统大选,特朗普和希拉里竞选。美国的媒体《纽约时报》《华盛顿邮报》、CNN、CBS、ABS,都预测希拉里会大比分获胜,欧盟、日本也预测希拉里获胜,但最后结果证明他们都预测错了。中国台湾省的蔡英文也预测错了,她还专门画了两头小猪送给希拉里,祝希拉里好运。

谁料到特朗普能最终当选?

先比较当时这两位总统候选人的简历。

希拉里,名牌大学毕业,曾经的国家第一夫人,国会参议员,美国国务卿。这些经历简直就是天生为总统而积攒的,无可指摘,十分完美。而特朗普,从小特立独行,做过大房地产商,也做过媒体主持人。他主持过的媒体,第一是暴力,第二是黄色。他毫无从政经验,连个小镇镇长都没当过。从简历来看,特朗普怎么可能竞选成功?

希拉里竞选团队800多人,特朗普东拼西凑的竞选团队只有130人。希拉里竞选经费达两个多亿美元,特朗普自费竞选,少量

第八章
大势——世界格局走向的理性瞻望

赞助，有7,000万美元。无论是比个人出身、社会影响、社会地位，还是比竞选团队、竞选资金，从哪个角度看，特朗普都要败北。

在双方竞选辩论中，希拉里讲话滴水不漏，想从她的言谈话语中找把柄，非常困难。特朗普大嘴巴，今天骂这个，明天骂那个，几乎把所有人都得罪了。希拉里左右逢源，只要给她投票就行，她既迎合左派，也迎合右派，既迎合共和党，也迎合民主党。特朗普反传统，骂华盛顿的政客，骂华尔街的捐客，骂常春藤的精英，骂硅谷的精英，骂好莱坞的精英，他反精英。

不过，希拉里虚伪傲慢，长期高高在上。特朗普具亲和力，接地气，这是特朗普的优势。特朗普当过建筑商人，他经常下工地，了解工人，知道工人的语言。

我在成都开会期间，曾碰见前美中关系委员会主席约翰斯顿。他跟我讲，在美国当政治家，第一要有亲和力，第二要有故事。

什么叫亲和力？上至达官贵人，下至平民百姓，见了就搂肩搭背，有说不完的话题，这叫政治家的亲和力。约翰斯顿讲，克林顿极具亲和力，特朗普也极具亲和力，而希拉里的大问题是没有亲和力。

第二要有故事。特朗普有故事，而希拉里的过往太顺畅了，几乎没有什么故事。

在美国，有一则流传很广的特朗普的故事。有一次，特朗普开车从纽约到华盛顿，车程要三个多小时。冬天下雪，车子抛锚，撂在半路上了。特朗普在路边拦车，没人停。大雪天的哪有人会帮你修理？特朗普拦了半天，最后一个黑人停下来，帮他把车修好了。据说这个黑人是福特汽车公司的一个职工。特朗普非常感谢，拿出钱来给这个黑人。这个黑人坚决不要，开车走了。特朗普就把这个黑人的车牌号记下来了。不久，圣诞节到了，这个黑人收到了银行送来的一束鲜花，下面吊了条缎带，上边写着"特朗普先生感激你"，同时附了一张银行的清单："特朗普先生已替你把房贷全部偿清。"

这个故事不知真伪，但流传很广。美国几乎人人有房贷，大家都想天上掉下个特朗普帮自己还清房贷。其实特朗普替几个人还清了房贷？就替这一个美国黑人还清了房贷。但就是这样的故事，让特朗普的支持率飙升。

希拉里有这种故事吗？没有。希拉里的车不会抛锚，前后都有随从警卫。不抛锚就没有故事，抛锚才有故事。这就是特朗普的优势所在。全世界都忽略了特朗普的优势。这个人的优势不是来自华尔街的巨富，而是来自中东部下岗失业的平民，这是特朗普的优势。还有，这个人真的会兑现他的竞选诺言。上台后，特朗普不顾任何人的反对实践他的竞选诺言之一：宣布承认耶路撒冷是以色列的永久首都。这是历届美国总统未敢做的事。阿拉伯世界反对他，欧盟、俄罗斯、中国都反对他。但是很多以色列的老太太跟自己的子孙讲故事，说："世界上真的有圣诞老人，这个人就是特朗普。"

犹太民族流离失所，一千八百年没有家园。现在特朗普承认耶路撒冷是以色列的永久首都，他们非常感激。

第八章
大势——世界格局走向的理性瞻望

所以我们看到特朗普这个人剑走偏锋，不做锦上添花的事，而是做与众不同的事。特朗普自己讲："我今天是全美工人阶级利益的代表。"这话听着很荒诞，纽约大房地产商怎么会成为全美工人阶级利益的代表？

但认真看看美国竞选选区，果然是这样！美国的中东部和中西部，制造业——钢铁、煤炭、汽车、机械加工、化工，以及经营农业区域都支持特朗普，而美国东西海岸信息产业、三产发达区域都支持希拉里。于是，特朗普成为全美工人阶级利益的代表。

2018年阿根廷G20会议前，特朗普讲，一直以来是世界上许多国家在占美国的便宜，不只是中国，欧盟对美国简直就是场灾难；墨西哥、加拿大对美国非常刻薄；北美自由贸易协定是史上最糟的贸易协定之一；WTO更糟，而现在美联储问题比中国严重得多。这就是特朗普参加G20峰会的意见，他为了美国自身的利益，不惜把任何国家弄倒。

如果是一个小国家，像特朗普这样的人上台无所谓，但偏偏美国是全世界范围的超级大国，经济力量最强，军事力量最强，影响力最大，政权落到这样的人手里，会把世界大大折腾一番，今天就是这个局面。

我们当然要思考，特朗普是一个偶然现象还是一个趋势？他是偶然出现的吗？他代表一种什么样的倾向？

美国人伍德沃德写的一本书 *Fear*，翻译过来就是《恐惧》，揭露了大量白宫内幕，里面讲到了特朗普上台的一个主要推手——班农。虽然特朗普说这本书满纸谎言,班农却说:"起码涉及我这部分是真实的。"班农说,特朗普竞选成功,就是依靠他带领的竞选委员会。

书中有这样的描述:共和党大佬让班农帮助特朗普竞选。班农不认识特朗普,说,特朗普何方神圣,他怎么能选得上来?班农就回答了共和党大佬一句话——特朗普当选可能性不但是0,甚至可能是0以下,完全没有可能。这简直就是说没有可能。共和党大佬讲,无论如何班农都得帮他。班农没办法,既然必须帮忙,他就把特朗普在共和党的相关资料都拿来看了。

一看就看出了问题:共和党人特朗普70%的捐款都给了民主党。等班农见到特朗普,他单刀直入就是这个问题:"你是共和党人,为什么却把70%的捐款都给了民主党?"特朗普回答得干脆利落:"我搞房地产,需要给市长钱,很多市长是民主党人,我给他们钱,帮他们竞选,我才能拿到想要的项目。"班农一看这个人直来直去、不掩饰、不虚伪、不择手段,说不定还行,真有可能当上总统。他这才下决心帮助特朗普。

所以你说特朗普是美国强盛的产物吗?今天我们很多人被特朗普吓着了,特朗普咄咄逼人,朝三暮四,翻手为云、覆手为雨。亚洲人、欧洲人、非洲人、美洲人,很多都为之震惊。其实这绝对不是美国强盛的产物,反而是美国出问题了的重大标识。

应该说,特朗普对美国问题的认识,比今天我们一些把美国体制、美国价值观吹上天的人,要深刻得多。

第八章
大势——世界格局走向的理性瞻望

特朗普说:"我告诉你们,我们的制度就是破烂儿,我给很多人钱,因为在此之前两个月,我还是生意人,每个人我都给钱,他们开口我就给。两三年以后我要他们办事的时候,给他们打电话,他们就在那里等着。美国就是这样一个破烂制度!"特朗普是把美国制度看透了的人。按照中国话说,这个人不是来烧香的,而是来拆庙的。他想改造美国现有的制度。对特朗普来说,不是说美国制度挺好,他再好上添好,而是认为美国制度出了大问题,他才干预的。

所以我们讲,特朗普是美国国力衰落以及力图阻止衰落的产物。

从内部来看,美国金钱政治腐朽,没有钱,根本不要想竞选。从外部看,两场战争造成了极大消耗——2001年阿富汗战争、2003年伊拉克战争,最初预算600亿美元,小布什政府的经济顾问林赛说600亿不够,需要2,000亿美元才行。小布什立即把林赛撤职:600亿打一场仗,选民尚能同意,2,000亿打一场仗,选民如何同意?但即使小布什把林赛撤职了,也无法阻止高昂的战争费用,最后伊拉克战争直接军事费用1万亿美元,花费是林赛原本预计的5倍。后来情况愈演愈烈,费用达到3万亿美元;等到特朗普2016年竞选成功的时候,伊拉克战争、阿富汗战争费用已达6万亿美元。

这是最让特朗普生气的问题,他说:"我们往中东的黑窟窿里扔了6万亿美元,足以建设两个美国。"

美国人怎么在两场战争中把钱花瞎的?未来学者斯宾奈特的描述很形象。他说:"在糟糕透顶的伊拉克战争中,我们用价值3,500

万美元的F18战斗机,从价值25亿美元的航母上起飞,飞往仅有一名持AK47自动步枪的叛乱分子藏匿地,空投价值20万美元的激光制导武器";"而我们的敌人只用旧炮弹和一部手机就造出简易爆炸装置,炸毁我们价值18万美元的悍马军车……"

尽管美国的媒体整天在炫耀美国的高科技,却也无奈两个无底黑洞。

特朗普觉得之前美国人把钱花错了地方,之后又遇上2008年金融危机。金融危机期间,美国全部救市计划为7,800亿美元,而两场战争花掉了6万亿美元,这个时刻恰逢美国国力严重衰落。

为什么美国经济学家忧虑美国的未来?

连年的战争开支,巨大的军费开支,已经使美国债台高筑。

这就是美国的债务曲线。这条曲线一旦超过国民生产总值的百分之百,就意味着资不抵债了,全年的生产总值还不够还债。现在,美国的债务已经超过国民生产总值,债务超过22万亿美元,而国民生产总值全部拿来还债都抵不上。美国国家债务是今天美国经济必须面临的一个非常大的问题。它原来控制得不错。美国从1776年建国到1980年两百多年,债务不到1万亿美元,控制得很好。后来就出问题了,1980年里根上台,到2008年小布什下台,债务飙升至10万亿美元,因为有了星球大战计划,有了海湾战争,有了科索沃战争,有了阿富汗战争和伊拉克战争。冷战后期的星球大战计划消耗了苏联,也同样消耗了美国。1991年海湾战争、1999年科索沃战争、2001年阿富汗战争、2003年伊拉克战争,然后紧接着是利比亚战争、叙利亚战争，一直到2008年，美国债务达到10万亿美元。然后，从2008年小布什下台到2016年奥巴马下台，美国债务高达20万亿美元。按照特朗普现在花钱的方法，2020年结束任期，美国债务预计将飙升到25万亿美元以上，如果特朗普连任到2024年下台，美国的债务预计将在30万亿美元以上，这么高的债务该怎么办？

一方面债台高筑，另一方面国内储蓄率低下。

美国经济学家说，导致美国债务这么高、贸易逆差这么大的不是中国，而是美国的储蓄率，美国人不存钱，这是大问题。据统计，34%的美国人存款为0，35%的美国人存款在1,000美元以下，还有11%的美国人存款在5,000美元以下。这3个数字加起来——11%+35%+34%，就是说80%的美国人存款在5,000美元以下。5,000美元，不到35,000人民币，这是美国的现状。80%的美国人存款在30,000人民币以下，其中34%的美国人一分钱存款都没有。美国地方政府日子不好过，老百姓不储蓄，银行的钱从哪儿来？只有发行债务，恶性循环。

经济学家彼勒希夫说："可能加剧下一场金融危机的最大问题是美国人实际上已经身无分文。减税会导致赤字水平更高。特朗普签署增加军费福利支出法案，对经济拖累比暂时提振更大。"

经济学家福尔曼讲："国债一直上涨肯定是一个不可持续的大问题，美国是唯一走在不可持续发展道路上的发达经济体。"

这才是美国面临的最大问题：债务太高，而且高到相当一个时段找不着解决办法。

与之相反,中国储蓄率高,老百姓都存钱。老百姓存钱,银行就有钱。银行有钱,政府就好搞贷款。所以说,中国政府的日子比美国政府好过多了。但也要注意,不要把老百姓的钱花错地方,不能也债台高筑,这也是会出问题的。

其实特朗普已经发现情况不好。2018年10月17日,他突然要求内阁成员2019年全方位削减预算,特别要求削减军事预算。其实只是削减区区160亿美元,可特朗普一说削减,军队马上就发表声明,这样一削减,美军就无法有效对付俄罗斯和中国了。

特朗普很生气:我上台的时候军费5,000多亿美元,我将军费加到7,000亿美元了,加到7,160亿美元,我再削减160亿美元就不行了。可军队说,就是不行。美国的军费,相当于排在它后面的第2名到第20名的总和,削减100多亿美元,就对付不了中国和俄罗斯,美国把军队都惯养成什么样子了?

所以我们讲,中美两国都有问题,这两个全世界最大的经济体都有不少问题。像中国,我们对投资的过度依赖、对对外贸易的过度依赖、房地产市场的过度膨胀、实体经济面临困境,这是我们的问题。

美国的问题就两个:债务和逆差。

我们的问题虽然看着很多,但有解决的办法。美国的问题就目前来看,却很难找到解决的办法。

美国为什么要打贸易战

2018年我们庆祝改革开放40周年。40年前，我国国内生产总值3,000多亿人民币，2017年，增至约82.08万亿人民币，财富急剧增长。

1981年，中国经济规模不到美国的10%，现在接近美国的70%，如今跃升至世界经济排名前列，这是中国今天所具有的地位。当今世界联合国成员有190多个主权国家，在190多个国家中，国民生产总值超过10万亿美元的只有中、美两个国家；国防投入超过1,000亿美元的只有中、美两个国家；卫星数量超过140颗的只有中、美两个国家，而我们的数量在不断增加……

所以哈佛大学的艾利森教授讲中国："从未有一个国家如此迅速崛起。"

2018年10月4日，美国副总统彭斯讲话，给中国列了一堆莫须有的罪名：

中国试图改变现有国际秩序；

中国挑战世界地缘政治格局；

中国跟美国以巨大贸易赤字；

中国大量窃取美国科学技术；

中国干涉美国内政影响大选；

中国要将美国挤出西太平洋。

彭斯最后还讲了一句话："美国绝不会被中国吓倒。"

彭斯讲话之后，无论是国际还是美国国内都受到了很大震动，觉得中美之间一场新的冷战是不是要爆发——美苏冷战影响了半个世纪的国际发展，今天中美又开始了。看来，全球化要受到重大挫折了。

我们认为，即使在今天这样的情况下，也可以有把握地讲：没有新的冷战。

什么叫冷战？什么叫新的冷战？冷战时期美苏严重对峙，双方完全不同：有两个独立的阵营，一方是社会主义阵营，另一方是资本主义阵营；有两个独立的军事组织，一方是华约，另一方是北约；有两个独立的经济团体，一方是经互会，另一方是欧共体——这是两个完全分割的世界，政治、经济、军事完全分割，两个世界几乎隔绝。双方贸易额最高只占美国贸易总量的0.8%，双方几乎不来往，两个世界相互对抗。

中美今天是这样吗？完全不是这样。

中国是美国第一大贸易伙伴，中美贸易额占美国贸易总量的16%，这仅仅是指中国大陆。加上中国港澳台地区，中美贸易额占美国贸易总量近20%。美国以贸易立国，其安全理论认为任何国家

第八章
大势——世界格局走向的理性瞻望

和地区贸易量超过美国贸易总量的7%，这个国家便与美国有了重大利害相关，彼此不仅形成了紧密的经济关系，还要考虑进一步的政治联姻和军事合作，以维护双方共同利益。

我们在美国的贸易总量中占比接近20%了。我们可能和美国政治联姻吗？可能和它军事合作吗？虽然没有可能，但这极大地减缓了中美可能发生的冲突，因为双方利益深度融合。当年苏联完全不具备联姻这个条件。同时中国还持有美国最大数额的国债，将近1.2万亿美元，中国对美国的贸易顺差也是我国获得最大顺差的来源。中国跟美国就是这样一种深度勾连的关系，美国怎么对付中国？如何与中国割裂？

美国人没想好怎么对付中国。克林顿提出Engagement——接触，不得不接触，双方早接触了，经济早就混在一起了。克林顿接触8年，通过接触促使我们改变，8年没改变。小布什提出不能接触，要Containment——遏制，遏制8年也没遏制住，中国继续高速发展。小布什后期、奥巴马前期提出，把Engagement和Containment结合一下，提出一个Congagement——接触性遏制、遏制性接触，先接触再遏制，先遏制再接触。非常复杂的一种表示，这里面的意思恐怕只有美国人才能讲清楚。

20世纪的美苏冷战，竞争本质是什么？是意识形态之争，是社会主义战胜资本主义，还是资本主义战胜社会主义，是东风压倒西风，还是西风压倒东风。

今天中美竞争本质不是意识形态之争，而是经济实力之争。我们讲，多种制度并存，相互学习，相互借鉴，和平竞赛。我并不是要去战胜你，我并不是要你灭亡，各种制度都有存在的理由，彼此发展，相互借鉴，共获双赢。

所以说，虽然美国一批政客真心想搞成新的冷战，但新冷战搞不成。今天没有新冷战发生的基础条件，中美经济社会已经深度融合。很多人说，我们就因为拍了个片子——《厉害了，我的国》，把美国人惹了，把美国唤醒了；我们搞了《中国制造2025》，美国跟我们急了。

美国人是不会根据一部电影判断中国的国力和国家发展战略的。美国人有着长期的统计：2007年美国是130个国家的最大贸易伙伴，中国是70个国家的最大贸易伙伴；2017年中国是135个国家的最大贸易伙伴，美国是70余个国家的最大贸易伙伴。美国人觉得，你们说中国韬光养晦，这是韬光养晦吗？这是中国正在取代美国。因为整整10年前，美国还是北起日本、南到新加坡所有亚太国家的最大贸易伙伴；今天，中国是北起日本、南到新加坡所有亚太国家的最大贸易伙伴。10年翻盘。美国是根据统计数字来的，他们根据统计数字认为中国的发展不得了，中国人表面挺谦虚，实际上正在取代美国。

2017年12月，美国国家安全战略报告提出中国是"修正主义强国"。过去我们说他们的，今天都被扣到我们中国头上来了，说中国要修改国际秩序，是"修正主义强国"，说中国经济入侵非洲，经济入侵南美，经济入侵美国，是"新帝国主义列强"。

第八章
大势——世界格局走向的理性瞻望

说到底，还是因为中国发展太快了。当然，对美国来说，是出现了贸易逆差。要知道，美国是我们最大的贸易顺差国、最大的贸易顺差来源。这个贸易顺差从克林顿到奥巴马时期都存在，他们都没事，怎么特朗普一上台就反应如此激烈，为什么会这样？

根本原因是，美国人发现中国经济发生了结构性变化。如果在中美贸易中，我们中国永远做服装、鞋帽、家电、玩具、轻工机电产品、圣诞树、彩蛋，那么中美永远相安无事。中国人多赚几个、多点顺差，对美国无所谓。问题是美国人发现中国人再也不安于现状了，中国人不安于用7亿件衬衫换一架波音飞机了。中国人再也不甘心做下游产品，中国人照着中上游来了，照着高端来了。这才是让美国人最恼火的地方，觉得你动了他的奶酪！

1997年我在美国国防大学学习，到美方负责接待我的布鲁斯家中做客，发现这位美国男士竟然有那么大的衣帽间，衣帽间里挂了那么多衬衫。我说："布鲁斯，那么多衬衣，你穿得了吗？"他说："怎么穿不了？穿得了。穿不了就扔啊，没问题。"

那些衬衫都是"made in China"——中国制造，在美国卖的价格比我们国内的售价还要便宜。美国人买衬衫一买就是一打，一打是12件。不像我们，挑选半天，左挑右挑才买一件，他们一买就买12件。为什么？便宜。仅仅从这一点就能看出，中国给美国提供了多么优裕的生活条件。所以，如果中国人永远做服装鞋帽、家电、轻工机电产品，永远都是7亿件衬衫换一架波音飞机，对美国来说，那是多好的社会分工，多好的市场资源配置！

但是，中国经济已经开始发生结构性变化了。

据全世界最权威的数据库硅谷CB Insights数据库统计，2017年全球人工智能创业公司融资152亿，中企占48%，美企占38%。人工智能知识产权方面，中国为1,239件，美国为231件。美国人突然觉得，中国人再也不安于他们原来擅长的东西了。

1980年首次召开全球人工智能年会，美国绝对占优，中国一篇论文都没有。1998年美国依然占据主导，中国好不容易有一篇论文了，还是香港科技大学的，内地一篇都没有。而我们再看2018年2月的年会，中国投稿1,242篇，美国934篇，被大会采用的论文，中国仅比美国少了3篇。要知道，论文都是美国人选的，我们只比美国少3篇。如果是让我们中国人选呢？或者让中立的选呢？结果很可能就不是这样。

国际上把估值在10亿美元以上的初创公司、高科技公司称为"独角兽"企业。2018年上半年，中国的"独角兽"企业吸引全球资金560亿美元，美国吸引420亿美元。

美国战略国际问题研究中心，也就是美国政府最权威的智库，得出的结论是，美国与中国的人工智能领域正在并驾齐驱搞竞争。他们认为，在这个领域，中国已经不是在追赶，而是与美国并驾齐驱了。

美国《纽约时报》著名专栏作家托马斯·弗里德曼讲："5年前，中国只有两家全球最大上市科技公司，美国有9家；如今中国有9家科技公司排名全世界前20强——阿里巴巴、腾讯、蚂蚁金服、

第八章
大势——世界格局走向的理性瞻望

百度、小米、滴滴、京东、美团、今日头条,美国是11家。中国不再只是接近美国了,中国已经与美国平起平坐。"

有一位学者曾经问弗里德曼一句话:"如果中国也造什么大飞机,不买美国波音飞机了,你感觉怎么样?"弗里德曼回答:"那会让我们美国人很难受的,很痛心的。"

美国人觉得中国就应该买美国的飞机,我们自己造飞机,不买他们的哪行啊?这就是美国人现在的心态。美国副总统彭斯为什么气急败坏?彭斯讲,中国试图控制全世界90%的先进工业,包括机器人、生物科技产业、人工智能,以便在21世纪取得领导权,而这是美国经济领导力的基石啊。中国仅仅是多赚了几个钱吗?仅仅是贸易多了多少盈余吗?不是的,彭斯觉得中国人正在撼动美国经济领导力的基石。这一点苏联人没有做到。苏联顶多造成了军事威胁,经济实力比美国差得远,而中国今天正在撼动美国领导力的基石。

特朗普最信任的顾问纳瓦罗说,不能让中国主导机器人、新能源汽车、先进铁路、航空航天等尖端产业,那是美国未来几十年重要的就业增长来源。

这就是为什么说表面看好像中美是贸易之争,实际是科技之争,是主导权之争,是国运之争。在这场猝不及防的中美冲突之中,我们不想冲突,我们想继续和平发展,跟美国合作,向它学习。但是美国觉得中国人的学习能力太强了,如果学到老虎也会上树,那就麻烦了。所以从这个角度来看,大家就可以知道,美国人为什么对华为那么恼火了。

华为作为中国的民营企业，被美国倾国力制裁，在世界政治史、经济史上都罕见。美国不但联合英国、加拿大、澳大利亚、新西兰共同封堵华为，而且要求德国、韩国、日本、法国都封堵华为。

华为怎么把美国逼急成这样？因为华为的核心就是技术。原来美国想把中国作为最大市场，没想到华为科技领先了。按照美方统计：2018年，华为营收1,120亿美元，谷歌营收1,090亿美元，微软营收899亿美元，IBM营收791亿美元，思科营收492亿美元，脸书营收406亿美元，高通营收222亿美元。中国的华为，超过谷歌、微软、IBM、思科、脸书、高通，叫美国情何以堪？所以美国制裁华为，所以要扣留孟晚舟。

孟晚舟事件当然会引发中国的强烈反应。因为此例一开，意味着今后任何中国公民在任何与美国有引渡关系的国家旅行，都可能随时因为某种不明的指控被逮捕，中国公民的基本人权会经常遭到肆意侵犯和践踏。所以，我们必须采取强烈反制措施。

美国作为一个超级大国、一个列为世界民主样板的国家，做出如此下作的手段，连《华盛顿邮报》都看不下去了。孟晚舟被扣一周后，《华盛顿邮报》于2018年12月9号发表社评，列出这样几条：第一，逮捕任正非的女儿与逮捕乔布斯的女儿一样，是阴险愚蠢的政治错误；第二，任何违规，美国政府都在选择追究与不追究（例如卡舒吉事件就不追究）；第三，三星、爱立信都是伊朗电信供应商，单抓华为，意识形态因素明显；第四，美国最高法院的精神

第八章
大势——世界格局走向的理性瞻望

是反对美国法在境外执行；第五，逮捕华为CFO起不到遏制华为的效果，反而被视为粗鲁施压的野蛮举动，并给美国企业带来被中国报复的风险；最后结论：美国人民希望在美、中竞争中获胜，但不是用这种低级的手段。

应该说，这是除去那些华盛顿政客，大多数美国人的认识。

但美国已经不是第一次干这种事了。2013年4月，法国阿尔斯通高管皮耶鲁齐在纽约机场被捕。随后美国司法部指控阿尔斯通涉嫌贿赂，罚7.72亿美元。皮耶鲁齐被美国人关到监狱里好几年，一直关到阿尔斯通的电力业务被美国通用电气收购。横跨全世界电力、能源、轨道交通领域的这家法国巨头企业，最终被美国肢解。2018年9月，皮耶鲁齐走出监狱，恢复自由。

皮耶鲁齐回国后，将自己的经历写成了一本畅销书，名为《美国陷阱》，副标题是"如何通过非经济手段瓦解他国商业巨头"。随后，皮耶鲁齐还开了一家咨询公司，专门告诫那些准备到美国去做生意的法国和欧洲公司，怎样防范美国人设下的圈套。

这就是被一些人描绘成"全世界最公平、最公正、能够实现所有人梦想"的美国。

其实，当伊拉克战争旷日持久进行的时候，英国《卫报》就做出了概括："美国以最铺张、最不计后果、最具毁灭性的方式展示实力，随后它马上就开始衰落。"

的确，美国再也不像当年那样呈现出勃勃生机。

今天美国的执政班底是一个连美国最忠诚的盟友都看不下去的

年迈班底：

  贸易代表莱特希泽，1947年出生，73岁；

  贸易顾问纳瓦罗，1949年出生，71岁；

  商务部长罗斯，1937年出生，83岁；

  经济顾问库德洛，1947年出生，73岁；

  财政部长姆努钦，1962年出生，58岁。

  只有财政部长姆努钦是"60后"，年轻一些；其他清一色是"30后""40后"，全是70多岁的人。"60后"的姆努钦不想与中国打贸易战，认为中美应该缓和，其他"30后""40后"都主张跟中国干到底。也不难理解。这些"30后""40后"的青春期都在冷战期间度过。从他们制定的政策来看，他们基本还生活在20世纪50年代到60年代。

  美式民主的交班顺序很奇怪，"60后"的奥巴马下台了，"40后"的特朗普上台了。特朗普一上台，一大堆"30后""40后"蜂拥而上。还是同代人喜欢同代人啊。

  今天中美的问题复杂，经济利益深度勾连，政治军事依然对立。这种复杂局面，将来要靠"60后""70后""80后"去解决，靠"30后""40后"解决不了。有人说，美国政策再不会改变了，以后不会变了。但在这个问题上，我持乐观态度，等到"60后"以至"70后""80后"上来，全球化意识肯定比"30后""40后"要重得多了，政策趋向与现在这些人肯定是不一样的。

中国的优势所在

在2018年中美贸易战开始以后,出现了一个非常奇怪的现象。

中国经济学家看衰中国,看股市,看企业,瞧资金链,瞧市场,一片萧条,出大问题了。同样,美国经济学家也看衰美国。这个现象非常奇特,冷战期间绝没有这样过。冷战期间是苏联专家看好苏联,美国专家看好美国。

为什么会出现这种现象?

中美经济学家对自身缺点了若指掌,自己的毛病自己最清楚,而彼此对对方的缺点有所不知,这是共同的。

不同点呢?中国经济学家焦虑中国的现在,为股市、制造业、市场等着急上火;美国经济学家焦虑美国的未来,当下看来美国股市还凑合,就业也还可以,但将来怎么办?债务怎么办?将来要出大麻烦。

这就要看中美两国各自的优势是什么。中国的优势,我们分三点来讲:制造优势,市场优势,开放优势。

首先看我们的制造优势。美国制造业产值长期居于世界制造业产值的20%以上，后来跌落了。日本制造业高峰时期，也就是20世纪90年代中期，曾经达到世界制造业产值的20%，后来也跌落了。德国制造业倒比较稳定，长期稳居在世界制造业的10%以内。中国制造业异军突起，到了2009年，中国占比上升到18%，美国占比下降到18%，中美各占世界制造业的18%。2018年，中国制造业占全球比重29.4%，居世界第一；2025年中国制造业将上升到占全球比重40%至45%。

联合国工业发展组织统计：中国是世界上唯一拥有联合国产业分类中全部工业门类（包括39个大类、191个中类、525个小类）的国家，形成门类齐全、独立完整的工业体系。

此外，未来的中国将拥有全球最多的理工毕业人才。《美国国家科学院学报》统计，44%的中国大学生主修自然科学、工程学，而美国只有16%。考虑到中国人口是美国的4倍，这个数字和趋势十分可怕。美国人统计，中国每年学工程学的、学自然科学的本科毕业生达500万人，即使其中90%转行，每年也能产生50万个工程师。这太可怕了。

美国人不爱学这些，而是爱学习法律、金融、医学，这些学科来钱最快，待遇最高，谁还会去学工程技术？今天美国缺少工程师是很大的问题。绝不单是特朗普要返回制造业，之前奥巴马也提出返回制造业，问题是美国怎么返回。中国福耀玻璃的董事长曹德旺，观察了美国二十多年才敢在美国办厂。他说，美国要返回制造业，除非返回到20世纪70年代。现在是美国制造业向海外转移，

第八章
大势——世界格局走向的理性瞻望

只有恢复那个时候的条文法规及各种奖惩制度，它的制造业才能恢复。美国怎么恢复？回不去了。福耀玻璃在美国招工人，40岁算年轻的，一般都50岁、60岁。年轻人谁愿意去当蓝领工人？根本招不到年轻的工人。美国经济学家忧虑美国的未来，年轻人都不干制造业了，将来怎么办？

美国前众议院议长金里奇最近讲了一段还算实事求是的话："2017年，巴尔的摩89%的八年级学生无法通过数学考试，这不是中国的错。义务教育与大学阶段学习数学和科学的美国人太少，以至无法为研究生院输送大量未来的美国科学家，这不是中国的错。面对中国理科研究生大幅增加，美国政府未能恢复像1958年《国防教育法》那样的项目，这不是中国的错。我们国防机构的运作方式催生了艾森豪威尔总统警告的那种'军工复合体'，这不是中国的错。美国国家航空航天局官僚主义严重，经费很不稳定，这不是中国的错。在华为努力成为世界领导者的11年中，老牌的美国电信公司官僚主义严重，地位稳固，未能为5G制定一项全球战略，这不是中国的错。中国正在迎头赶上，并且有可能超过我们。这是因为我们，而不是因为他们。"

2013年，奥巴马在迈阿密港口演讲，鼓励美国重新返回制造业。结果一阵风吹来，把一面美国国旗吹掉了，露出了上海振华重工的标志。原来，所有吊车上都有一面美国国旗，凡是有中国企业标志的地方都被美国国旗挡住了。港口风大，一阵风吹来，奥巴马正演说要恢复美国制造业，结果吊车上露出了上海振华重工的标志。连美国媒体都尴尬地说："我们的总统在中国的重型装备之下，要求恢复美国制造业。"

其次是中国的市场优势。

中国是全球第二大经济体，是全球第二大消费国，是全球第二大吸引外资国，是全球第一制造大国，是全球第一贸易大国，全球外汇储备第一，这就是中国的现状。

《华尔街日报》曾这样报道中国固有的优势：世界级的基础设施，齐全的制造业，依然廉价的劳动力，最重要的是它的市场规模、它的制造规模，都无法取代。

2018年中美贸易战开打，先各家打600亿美元，后来美国加2,000亿美元，我们再加600亿美元。美国加这2,000亿美元，美国国际贸易委员会、联邦贸易委员会联合召开听证会，美国企业界都提意见哪个该上税、哪个不该上税。美国贸易委员会就跟美国企业家讲，第一，优先到别国采购产品，尽量少采购中国货物；第二，力所能及把企业从中国迁出去。但美国企业家怎么回应？不到中国采购，到哪儿采购？到印度尼西亚吗？到印度、孟加拉吗？它们有中国的规模吗？有中国品种齐全吗？有中国的交货时间、交货质量吗？并没有。美国把企业从中国迁出去，可以迁到泰国，可以迁到越南，迁到菲律宾，迁出去以后生产的产品卖给谁？泰国能吸纳吗？越南能吗？它们有那么大的市场吗？在泰国、越南、菲律宾生产出来的产品还得卖给中国，再进中国市场还加道关税，你说这是干什么呢？

所以说，今天美国一批政治家、一批军人想跟中国打冷战，经济界、企业界不想，他们想在中国赚钱。中国是美企最大市场，最大市场就是最大的利益来源、最大的利润来源。

现在国内市场、国际市场发育得完全不一样，我国对外贸易依存度大大下降了。如果贸易战发生在10年前，对我们的影响肯定比今天大得多。但今天我国已经由10年前的对外贸易占国民生产总值的64%下降到33%了，再过10年要下降到20%以下。虽然我们的对外贸易量不断地增长，但比例下来了。因为中国的内需上来了，内需在蓬勃发展。"双十一"的网购就非常典型。

中美爆发贸易战，在中国经济不确定性增大的情况下，国内外媒体都把2018年"双十一"消费作为观察中国消费能力的晴雨表，连阿里巴巴的马云都觉得没信心了，因为2017年"双十一"24小时成交1,682亿人民币，2018年能不能打破？马云觉得很难。结果2018年"双十一"24小时成交2,135亿人民币。

在上海的主会场，各国记者——澳大利亚记者、美国记者、新西兰记者、日本记者、韩国记者、欧盟记者，发出一片惊叹："一切购物纪录被打破"；"这个星球上最大的购物节"；"中国内需的爆发力让世界惊叹"；等等。

2019年"双十一"，更达到了24小时成交2,684亿人民币，继续创造空前的数字。

在经济萧条的情况下，看看我们中国市场的潜力！所以我们讲，不管美国政府如何决策，美国企业一定要挤进中国市场，谁也不可能和一个长期比自己还大的市场持续进行贸易战。打什么呢？打生意，打利润，打到最后没钱可赚了，这又是图什么呢？

最后是中国的开放优势。

美国对我们开放吗？华为进不去，阿里巴巴进不去，三一重工、中联重科都进不去。而今天中国各级政府还在招商引资，欢迎外资大举进入，到底是谁开放？

北京大学教授潘维讲："我在美国读书的时候，有个中国大陆去的同学读材料学博士，是教育部最早公派的留学生尖子中的尖子。他的家庭生活非常困难，父亲靠拉板车养活妻子和六个孩子，全家只有他一个人念了大学。赴美不久，他就信了基督教，很快开始激烈地批评自己的祖国。他的博士论文研究陶瓷材料，是最尖端材料，毕业后却长期找不到工作。陶瓷材料研究是保密行业，不容外国人插足。尽管他不喜欢祖国，却一直无法通过美国政府的安全检查。后来他给一家小公司做实验员，每小时不到十块钱。再后来他放弃了自己心爱的专业，去做芯片工厂的质量检查员，过那种平静而普通的美国生活，永远不可能成为陶瓷材料专家了。"

潘维讲的这个小伙子非常可惜，他本来能成为一个陶瓷材料专家，尽管他完成了宗教认同、意识形态认同，但美国人不让他研究陶瓷材料。在美国人看来，你完成了宗教认同、意识形态认同，你也无法完成种族认同。这个最根本的区别永远横亘在那里，无法逾越。

今天我们访美，留指纹，将来还要留瞳孔扫描结果。美国人访

第八章
大势——世界格局走向的理性瞻望

华用吗？不用。特朗普讲了，几乎每一个中国留学生都是间谍。我们说过美国留学生是间谍吗？不仅没说过，我们想都没想过，都是国际友人，友好对待。如此看来，到底是谁开放？

有人说中美贸易战没法打，因为我们每年进口美国1,300亿美元，美国进口中国5,000亿美元。美国人先打600亿美元，我们回应600亿美元。美国再打2,000亿美元，我们也只能再回应600亿美元了。美国再打2,400亿美元，我们就几乎无牌可打了。进口数额没了，怎么打？

德国媒体分析，据德意志银行统计数字，美资在华企业一年销售提供服务4,480亿美元，中资在美企业一年销售服务300亿美元。为什么？中资进不去。所以，美资在华赚了大便宜，苹果、通用、福特、微软、高通、摩托罗拉都是如此。通用每年在美国销售汽车340万辆，在中国市场销售400万辆。苹果，在全世界第一市场是美国，第二市场是中国。中国华为、小米、vivo、OPPO，那么多手机品牌竞争，苹果挤了个第二！所以德国人就讲，中国如果收拾美资在华企业，那就够美国人受的了。但我们不准备收拾美国在华企业。美国刁难中资在美投资，中国安抚美企在华投资。

美国收紧开放程度，我们扩大开放程度，这正是贸易战的中方的中长期优势。优势在哪里？我们是在继续开放，继续包容，继续吸纳，我们继续向他们学习，我们绝不趾高气扬，这一点非常好。

当然，美国有美国的优势：科技优势，金融优势，军力优势。

2018年美国对中兴实行制裁，一个芯片就把中兴卡死了。中兴董事长在镜头面前讲，我们中兴从此休克了。中国第二大电信设备提供商、全世界第四大电信设备提供商，被一个小小的美国芯片弄得休克了。这给国人很大的提示：没有高科技，就无法主导自己的命运。

但我们看事情后来怎么样。中兴休克，高通也身受重创，中国人不买高通芯片，高通全球市场的2/3坍塌，面临着被迫减产、工人下岗，研发经费、科研经费短缺的巨大风险。最终双方调整，重启合作。

这就是今天所形成的产业链。

2017年，高通全年营收223亿美元，中国市场营收150亿美元，占比2/3，并且这个比例还在不断上升。在美国本土市场，高通营收微乎其微。中国是全球最大的智能手机市场、全球最大的智能手机生产国。2017年中兴手机出货4,600多万台，超过一半使用了高通芯片。高通芯片价格很高，当然性能也很高，高性能高价格，谁买？主要是中国人买！如果中国人停购高通芯片，将导致高通全球2/3的市场坍塌，到时企业将如何生存？所以特朗普一看不行，还得恢复中兴的供应，没办法。这就是今天的情况，不要以为今天谁占据高端谁就能够为所欲为。离开了中低端，高端也无法存在。

所以，2015年我们曾对高通开出将近10亿美元的反垄断罚单，高通十分配合，第一时间缴纳罚款，并对国产手机厂商打了专利费折扣6.5折。失去中国市场，高通无法存活，这就是全球化时代国家之间全新的、难以脱离的产业链关系。

当然，高通事件也给全世界以警示。日本人就认为，经过中兴

第八章
大势——世界格局走向的理性瞻望

事件，全世界发现美国人把芯片当作要挟手段使用，必然促使三件事情发生：第一，各国芯片采购商开小差，开始积极寻求和扶植替代品；第二，芯片产业配套商开小差，开始积极寻求与新生产商配套；第三，主要国家及集团（包括欧盟、日本、韩国）开始寻求发展独立芯片产业链，避免关键时刻被美国钳制。

美国表面上制裁中兴，实际上日本、欧盟、韩国都害怕。

美国造的芯片是全世界最好的，但美国把它当作要挟手段，其他国家发现不行，光买美国的真不行——现在我们国家不仅华为早就开发自主芯片了，阿里巴巴开发芯片，格力空调开发芯片，百度开发芯片，欧盟、日本、韩国都开始开发芯片。结论就是，接下来几年这三件事情将逐一发生，并对现有的以美国英特尔和高通为核心的全球芯片研发生态圈产生瓦解性的影响。

美国人近期获益，中长期就要受损。

所以郎咸平有一段话讲得很对："技术是美国最大优势，市场是中国最大优势。技术必须卖给市场才能获得高额利润、继续发展。失去市场，技术必定衰退。芯片技术是人类目前最高级、最复杂的技术，美国以此为傲。中国是全球最大的芯片市场，有了市场，没有技术也可以发展技术，但若失去市场，技术之花再艳丽也必然枯萎。"

郎咸平的结论是，技术压抑市场是暂时的胜利，而市场自创技术是最终的胜利。

我觉得这段话讲得非常好，特别是中国现在已经成为一个在科学技术上奋起直追的国家。

据世界知识产权组织（WIPO）统计，2018年全球专利申请总量330万项，几乎一半来自中国，154万项；第二名是美国，597,141项；第三名是日本，313,567项；第四名是韩国，209,992项；第五名是欧洲专利局，174,397项。2018年的全球专利申请同比增长5.2%，中国增长幅度最大，达到11.6%。

可能这就是美方最着急的原因。美国想通过贸易战，把中国的发展势头打下去。

2017年，贸易战开战之前，中美贸易达到最高额，按照美方统计，是3,752亿美元逆差。最初大家以为，贸易战打下去，估计2018年美方统计的逆差能降到3,000亿美元以下，也有可能降到2,700亿美元以下。结果如何？美方统计，2018年对华逆差大于4,000亿美元，逆差越打越大。中美贸易战还怎么打？

于是，2018年12月1日，中美元首在阿根廷会晤，双方要缓和3个月，要寻找办法。双方都有难度，双方都要缓和，我们要给企业喘息之机，给市场、给股市喘息之机，美国也是这样。美国怎么实现贸易平衡，怎么扩大市场准入，怎么保护知识产权，怎么避免技术转让，怎么阻止网络窃密，美国核心怎么有效保护它的优势，等等，美国一直在考虑。对我国来说，也不希望跟美国打下去了，我们希望能缓和就缓和，有喘息调整之机，对双方都是有好处的。

贸易战打到今天，很多预言中国会崩溃的，都落空了。

中国经济发展之谜

中国经济发展，我们称为"中国经济发展之谜"。美籍华人章家敦早就说过，中国即将崩溃。2000年他出的书热销，预言中国2005年崩溃。到了2002年，章家敦在香港发表演说，说，看来2005年中国崩溃不了，大约时间推迟到2010年。现在2020年了，章家敦在哪里？

中国经济发展之谜，谁也没有破解。有些专家学者觉得中国经济要栽大跟头，可中国一直没有栽，中国经济跑的姿势不好看，不是昂首阔步，但它跑的速度比其他国家都快。

我觉得，中国经济发展之谜，就在中国这批企业家身上。这批企业家不是按照哈佛案例，不是按照MBA、EMBA教学发展的，是他们提供了让西方觉得变幻莫测的"谜"。

例如，华为的任正非，原来在部队当过兵——基建工程兵部队。他是中国第一台空气压力天平的研制者，当兵期间，因科技成就卓著，1978年出席全国科学大会，1982年他出席中国共产党第十二次全国代表大会。紧接着他的运气就没那么好了，1983年基建工程兵集体转业，他转业到深圳南海石油后勤服务基地，搞公司做生意，第一笔生意就被别人骗了。80年代中期，两百多万没了，当时那可是天文数字，任正非被公司除名。当年的骗子没想到，一个伟大的企业家就这样在困境中诞生。如果任正非不被骗的话，今天不过是南海后勤服务基地的一个退休人员，中国就会失去这个经营之神。

任正非被公司除名后，咬紧牙关，集资2.1万元创建了华为。2015年，华为全年利润110亿美元，不是营收，而是利润110亿美元。2016年，华为全年国内纳税700亿元，海外纳税300亿元。

任正非43岁创业，把一个山寨公司变成震惊世界的科技王国，在技术创新、国际化拓展方面，国内首屈一指。哈佛的哪一个案例能做出任正非做的事情来？华为又是根据哪条规律发展的？

任正非创业，过了多少坎，闯了多少难关？

2018年，华为全年营收利润中，海外利润占63%，国内利润占37%。我参加华为2016年颁奖大会，下午3点半开始，颁奖颁到晚上7点钟还没颁完，100多个事业部，就跟联合国颁奖一样。

2018年7月底，华为给土耳其数学家阿勒坎教授颁奖。华为5G技术领先，就是中国的5G技术领先，5G短码发现者正是土耳其的数学家阿勒坎教授。

今天华为聘用的全世界的数学家700多人、物理学家800多人、化学家200多人，都是最优秀的人才。

法国电信设备商阿尔卡特被华为打垮了，但任正非专门让华为

第八章
大势——世界格局走向的理性瞻望

驻巴黎代表与法国电信部门接洽,表示华为将让出一部分市场,希望法国的政府采购依然把阿尔卡特列入。什么叫共赢?什么叫双赢?这就是中国企业家生动的实践。我们不跟美国一样,就追求单赢,把对手整垮,踏在对手身上前进。我们是把对手扶起来,共同前进。

华为有一个"勇士计划",任正非就是华为的第一勇士。他说:"阿富汗战乱时,我去看望过员工。利比亚开战前两天,我在利比亚。我飞到伊拉克不到两天,利比亚就开战了。我若贪生怕死,何来让你们去英勇奋斗。"2017年4月10日凌晨,美军空袭叙利亚。就在六七个小时前,也就是4月9日晚上,任正非刚刚离开那里。这个70多岁的企业家跑遍世界看望员工、鼓励员工,发现问题、解决问题。他说过一句话:"除了胜利,我们已经无路可走。"

再看吉利的李书福。他高中毕业后搞照相,先是固定照相,然后是流动照相。他是浙江台州人,不仅聪明、刻苦,而且敢于做梦,还敢于实现自己的梦想,干一个成一个。电冰箱厂、铝塑板厂、摩托车厂,李书福都干过。他的最高梦想就是想造汽车,学美国人亨利·福特。亨利·福特要制造美国工人都买得起的好车,李书福想要制造中国普通民众都能买得起的好车。他跑到发改委汽车局,没人信他:"你知道汽车是工业社会皇冠吗?"李书福就一句话:"汽车不就四个轱辘加两排沙发吗?"

后来李书福收购沃尔沃,海内外的媒体画了漫画,说李书福是蛇吞象。吉利多大市值?沃尔沃多大市值?结果,吉利硬是把沃尔沃吞了,就是蛇吞象,那又怎么样?今天沃尔沃的技术被吉利很好地吸收,吉利汽车现在已经做到国内民族品牌的汽车第一品牌。

李书福说:"人在旅途,谁知道前方有多少条路?要坚持住朝前走,认准一个方向走下去。人的追求是一个过程,不是结果。失败了没有意思,成功了也没有意思,在成功、失败之间才有意思。无限风采、无限美丽在成功、失败之间。"

就是这么一个高中毕业的民营企业家,讲出了我们大学教授都讲不出的极富哲理的话:"无限风采、无限美丽,在成功、失败之间。"

就是中国这批企业家的活力、生命力,导致了"中国经济发展之谜",让国外按照现有的经济理论都无法解释中国经济的发展。

当年考大学失利的马云去肯德基应聘,共有24人应聘,23个被招收,唯有他没被招收,要去肯德基端盘子都没端成。他去考协警,5人中招4个,唯他被拒。马云3次高考,2次落榜。他当过教师,做过导游,到义乌倒过衣服,办过网络黄页。后来,他在1999年创建阿里巴巴,2003年创建淘宝。1999年,马云曾带着他的创业团队——所谓"18棵青松"——到北京与商务部门洽谈,谈得不太成功,只谈成了些小项目,大家有些丧气。马云鼓气说:"我们好赖来了趟北京,怎么也得留个影再回去。"随后"18棵青松"到八达岭长城照了一张合影。这可能是阿里巴巴最早的创业留念了。照片上这批年轻人着装五颜六色,就像国外嬉皮士一样,一看就不靠谱。可就是这群"不靠谱"的年轻人今天创造出了多么巨大的事业!

第八章
大势——世界格局走向的理性瞻望

这些企业家个个都是奇迹，任正非不是奇迹吗？李书福不是奇迹吗？马云不是奇迹吗？马云说："在我人生最艰难无助的时候，我去了延安。在那里我冥思苦想好几天，做出了今天看来非常了不起、成功的决定，就是建立淘宝。"建立淘宝是马云在延安的窑洞里决定的。他当时的信念就是："共产党那么困难都能搞成，我就不信我干不成！"阿里巴巴的高管两次请我讲古田会议，今天我们很多党政机构都没有听过古田会议的课，阿里巴巴的高管却请我讲两次，而且要专门到福建的古田去讲，要有现场感。他们要听：共产党是怎么带队伍的？毛泽东为什么能在当时那么困难的环境中提出"星星之火，可以燎原"？

通过这些事例，我们可以看到中国经济的活力来自哪里。来源于条文吗？来源于规章制度吗？来源于银行贷款吗？我们中国企业的活力首先从企业家内心开始。

任正非是"40后"，李书福、马云是"60后"。还有一个"70后"——周剑。他的创业道路跟马云和李书福完全不一样。周剑，富二代，家里很有钱，他从小到德国学习，学习成绩又非常好，23岁出任德国迈克威力中国大区经理，是迈克威力全球最年轻的大区经理。周剑一帆风顺，家里有钱，自己又争气，办企业办一个成一个，事业有成，一直到2008年受到刺激。受了什么刺激？就是因为去了趟日本。

2008年周剑出差到日本，偶然看见了本田公司新一代人形智能机器人。日方人员不愿跟他讲解，说："你们中国差距太大，给你们讲也听不明白!"周剑回国之后下决心干机器人。他不顾一切阻拦,将全部资金数千万投入机器人研发,成立深圳优必选科技有限公司。周剑从小就喜欢变形金刚,这回也算找到了突破口。但研发机器人是个无底洞,几千万很快耗尽,周剑又把他香港、上海工厂的股份变卖掉,并将深圳南山两套豪宅、三辆跑车全部卖掉,投入企业。

深圳南山的房子今天已经上涨到20万元一平方米,当时周剑以低价格卖掉了。父母很生气,认为他是败家子,就搬到上海去住,不理他了。

周剑先是放弃高薪,继而放弃资产,且不听劝,被人们形容为"一日三疯"的"周三疯",整天新主意、新想法,助手都跟不上他。2012年,机器人的关键技术伺服关节获得重大突破,但资金耗尽,没钱了。这就跟军队作战一样,突破口打开了,但部队伤亡殆尽,几乎没人了,打不进去了。中小民营企业贷款困难,没人支援他。就在周剑处于行将成功或行将失败的边缘的关键时刻,比亚迪伸出了援手。

比亚迪创始人夏佐全讲:"很少有人有魄力和胆量将自己所有资金和巨额家产投入一个不知结果的创新领域。周剑做到了,他对机器人的执着和坚持深深打动了我。正是他的创新和热爱,让我对中国机器人行业充满信心。"

2015年春晚,100多个机器人在舞台上跳舞,就是深圳优必选科技有限公司的产品。现在,周剑的公司市值达几十亿美元。

第八章
大势——世界格局走向的理性瞻望

特朗普担心，美国人担心，怕中国人在AI技术、机器人领域突飞猛进。这仅仅是中国的国家规划吗？是发改委的计划吗？是政府的投入吗？

一批像周剑这样极富创新活力的企业家在扮演着开路先锋的角色。他们胸中澎湃着国家情怀、民族情怀。从"40后"的任正非，到"60后"的李书福、马云再到"70后"的周剑，当中国这批企业家在卓有成效创新创业的时候，我们的理论界在干什么？

有些人在告诉大家塔西佗陷阱、中等收入陷阱、金德尔伯格陷阱、修昔底德陷阱、马尔萨斯人口陷阱、纳尔逊低水平均衡陷阱……全是陷阱，都是地雷阵，寸步难行，太容易被炸翻。

幸亏企业界没有听这些人的。企业界有句名言：想，都是问题；做，才是答案。你就想去吧，越想越愁，越想越是什么都不能干。而对负重前行的企业家来说，一切问题都须在实践中解决，不是在思索中解决，在实干中发现前进的途径，发现解决问题的方法。所以我们庆祝改革开放40周年，中国这40年来，更多的是实践的成功，是创业的成功。

习近平担任浙江省委书记的时候，曾肯定过浙江企业家的"四千"精神：

走遍千山万水；

说尽千言万语；

想尽千方百计；

尝遍千辛万苦。

这"四千"精神是浙江企业家的"四千"精神，也是中国企业家的"四千"精神，是中华民族优秀企业家的缩影和代表。正是他们在构成所有西方经济理论都永远难以解构的"中国经济发展之谜"。

美国丹佛大学与世界银行合作，做了个1960年到2099年全世界国民经济发展的增量统计：20世纪60年代，世界前15名根本没有中国的份儿。70年代初，中国的排名上来了，世界第16名，前15名排序基本没有发生大变化，美国、日本、德国、法国都是这样。80年代末90年代初，苏联解体之后，中国的地位提升了一些，后来步伐变得越来越快，1995年超过巴西，到达世界第八；而后超越英国，到达世界第七；然后超越意大利，位居世界第六；2000年超越法国，位居世界第五；2004年超越德国，位居世界第四；2010年超越日本，位居世界第二。2017年以后，是模拟增量发展潜力、发展前景和资源配置、人口等，这个指标最后一直做到2099年。按照这个图表的模拟，2028年、2029年，中国经济总量会超过美国，超过以后还将继续发展。唯一在不断赶超的是谁？是中国，其他国家的排序基本没有发生大的变化。

客观地说，我们确实还存在很多问题。但是我们生活在一个最富发展前景、最富增长潜力的国度。这就是中国，这就是今天的中国。

北京大学教授林毅夫说，今天不管是中国还是外国，没有一个经济学者能说清楚中国为什么能如此快速发展。他说，谁能破解中

第八章
大势——世界格局走向的理性瞻望

国经济发展之谜，谁就具有获得诺贝尔经济学奖的资格。

何止中国经济发展是谜，中国从革命到建设，均是如此。看好我们的人寥寥无几，当年看好中国共产党的有谁？今天看好中国共产党、看好中国道路、看好中国特色社会主义的又有谁？说我们好的有几个？

按照西方自由派的观点，中国政治改革的目标就是西式民主化，经济改革的目标就是私有化。但中国有自己的发展道路，不会照着他们的想法去走。中国特色社会主义搞得有声有色。

美国人非常不理解：中国为什么会这样？中国的实际走向是什么？什么样的力量在决定中国的发展方向？什么样的力量在主导中国？美国战略界搞不清楚这一点，于是开始琢磨中国的文化，邀请一些中国学者去讲中国的历史，讲中国的哲学：不要讲中国的经济改革，也不要讲中国的政治体制改革，就讲讲中国的文化，讲讲中国文化到底是怎么回事。

一位中国学者跟我说，他去给美国人讲中国文化，问美国人："你们知道中国有三教九流之说吗？"美国人说，不知道。他给美国人解释："你们看到的那些人基本都是三教，你们看不到的那些人是九流。真正决定中国发展的不是三教，而是九流。"

这种调侃的方式真是让对方哭笑不得，使那些美国人更加摸不着头脑。

在北京住着，又是空调，又是汽车，又是好的住房，又是好的待遇，很容易忘记整个中国是什么样、各地的差异有多大，很容易从理想主义、本本主义出发，从外国的"真经"出发。当年在莫斯科吃面包、喝牛奶指挥中国革命的王明不就是这样？不了解国情，不站在这块土地上，按照国外一般理论来指导中国的前进道路，过去证明不行，今天也一样不行。西方现有的理论诠释不了我们极其丰富的实践。中国共产党这种全新的社会实践，已经为我们党的理论创新打下了基础。

当然也不必急着理论创新，实践是第一位的。就是邓小平说的，我们就埋头做，往前走。在做的过程中，根据发展前进的需要，共产党人必须具有很大的可塑性，简单地把马克思主义搬到中国来根本不行。今天有人恨不能把西方的理论都搬到中国来，经济学的、政治学的、法学的都搬来，用来改造中国，行得通吗？当年王明这样做过，再往前推，胡适也这样做过，都没搞成。这一点现在连美国人都看明白了。

谁在主导中国的发展？实践能说明一切。中国的发展不是理论的推演。要是理论推演，王明说起马列经典头头是道，引经据典。毛主席就一句话：从中国的实际出发，推翻你的教条主义。邓小平也是这样。他曾经坦言自己没看过《资本论》，对马列的书读得不像王明那么多。但邓小平了解中国国情。今天我们不缺乏理论，而是缺乏对自己国情的了解并且在此基础上产生自己的理论。理论都是别人的，没有根，扎不到中国的土地上。中国的"九流"不认可，理论就永远飘在天上。当然，你也可以在象牙塔里精雕细刻。你也可以把学问做得非常精致，别人可能也会把你捧得很高。但是没有

第八章
大势——世界格局走向的理性瞻望

社会基础，这样的学问永远扎根不到中国的土地上，决定不了中国的发展道路和未来走向。

回顾中华民族的救亡与复兴之路，无限感慨。我们曾经是奴隶，否则不会有1840—1949的百年沉沦；我们也拥有英雄，否则不会有1949—2049的百年复兴。从1840年到2049年这两百多年中，中华民族的命运已经发生了并且正在发生着何等波澜壮阔的变化，这一伟大变化又是多少代人流血牺牲奋斗的结果！

今天，当我们在追求"两个一百年"崇高愿景的时候，我们的思维、认识和理论，必须跟上这一波澜壮阔的实路。

2018年11月5日，在首届中国国际进口博览会的开幕式上，中国国家主席习近平说："中国经济是一片大海，而不是一个小池塘。大海有风平浪静之时，也有风狂雨骤之时。没有风狂雨骤，那就不是大海了。狂风骤雨可以掀翻小池塘，但不能掀翻大海。经历了无数次狂风骤雨，大海依旧在那儿！经历了五千多年的艰难困苦，中国依旧在这儿！面向未来，中国将永远在这儿！"

这就是中国。